【青山学院大学総合研究所叢書】

# 利用者指向の
# 国際財務報告

橋本 尚 編著  Takashi Hashimoto

同文舘出版

# はしがき

　われわれが青山学院大学総合研究所の研究プロジェクト（2012～2013年度）の設置申請書（第一次申請および第二次申請）を提出したのは2011年9月から10月のことであった。グローバル化の進展に伴い，国際財務報告基準（IFRS）の導入が世界的な広がりを見せる中で，IFRSの強制適用に関する判断を2011年，2012年に行うとされていた米国と日本の動向に世界が注視していたが，IFRSをめぐる当時の内外の状況は，国際会計基準審議会（IASB）と米国財務会計基準審議会（FASB）とのコンバージェンス作業の大幅な遅れや未曾有の東日本大震災への対応などにより，次第に，慎重論が台頭しはじめていた。とりわけ，わが国のIFRSへの対応のあり方をめぐっては，製造業を中心とする企業側，作成者側の見解が大きな影響力を及ぼしており，歴史的・世界的に常識とされている財務報告の利用者の観点からの検討が不十分であることが危惧された。

　そこで，今後数年間がIFRS導入の潮流を決定づける重要な時期であるとの認識の下に，われわれは，従来のわが国の議論においてはないがしろにされてきた感がある財務報告の利用者の観点からIFRS導入の意義と課題を明らかにするという新たな視点から，利用者（顧客）指向の財務報告基準のあり方，すなわち，利用者の意思決定に役立つ財務情報ひいては企業情報とは何かを解明する一環として「財務報告の利用者から見た国際財務報告基準の意義と課題」のテーマの下に研究プロジェクトを立ち上げることとした。

　2012年度は，文献研究，海外での調査を進め，それらを踏まえて，アナリストおよび企業の財務担当責任者（CFO）に対してアンケート調査を実施した。当初は，アナリストに対するアンケート調査のみ実施することを想定し，企業側については，本研究プロジェクトのメンバーの1人で

ある佐藤が所属する日本 IR 協議会の会員企業のみを調査対象とする予定であったが，コスト・ベネフィットなどを検討した結果，全上場企業を対象にアンケートを実施する方が学術的価値が高まるものと判断し，全上場企業向けのアンケートもあわせて実施した。従来の財務報告の作成者側のみの意識調査や，アナリスト等への学術的ではないアンケート調査にとどまることなく，作成者と利用者の双方に対して，同時に同じ内容の意識調査を実施できたことの学術的意義は高いものと考えている。

　2013 年度は，引き続き，文献研究，海外での調査・意見交換および制度研究を進め，これらに関する研究成果をまとめるとともに，2012 度に実施したアンケート調査の結果をもとに分析を進め，その成果をまず，ワーキング・ペーパーとして 2013 年 7 月に公表し，同時に，これを関係諸機関や本研究プロジェクトのテーマに関心を有する研究者に送付し，コメントを求めた。そして，寄せられたコメントを踏まえて，2013 年 9 月に中央大学で開催された国際会計研究学会全国大会において報告した。また，2013 年 10 月に台湾の台北市の東呉大学で開催された「2013 會計理論與實務研討會」において，英語による報告を行った。本報告は，日本会計研究学会と台湾会計学会の双方の年次大会時に行われる国際交流の一環として，日本会計研究学会を代表して行ったものであり，日本会計研究学会の募集に応募し，査読を経て認められたものである。なお，本報告に対しては，コメンテーターの台湾会計学会の Picheng Lee 教授（米国 Pace 大学）から貴重なコメントを賜った。

　本研究プロジェクトメンバー相互間の有機的な連携のもとに，2 年間にわたって活発かつ精力的な研究活動が展開され，本研究プロジェクトを通じて，利用者指向の国際財務報告のあり方や IFRS をめぐる今後の展望や課題に関する一定の知見が得られたと考えている。そこで，本研究プロジェクトの成果を基礎に，これを敷衍する形で理論的，制度的，実務的な観点

はしがき

から利用者指向の国際財務報告のあり方についてさらに総合的な検討を加え，これを成果物として取りまとめ，学界という中立的な立場からいっそう説得力のある提言を行うことは意義のあることと考え，今般，青山学院大学総合研究所叢書として刊行することとした。

　本書の構成は以下のとおりである。第1章においては，利用者指向の国際財務報告の歴史的・国際的な潮流を整理するとともに，会計基準設定主体の構成や設定プロセスにおける利用者の位置づけを明らかにする。第2章においては，投資家から見たIFRS観をそれに対する批判的見解とともに検討する。第3章においては，会計制度上の規範性の付与の観点から，IFRS導入に係る会計制度上の諸課題を考察する。第4章においては，「公正な会計慣行」に関する問題を手がかりとして，IFRSの適用が拡大された場合に提起される可能性のある諸問題について検討する。第5章においては，IFRS導入に際して避けて通ることのできない問題である税法との兼合いの問題に関連して，公正処理基準の意義と範囲について再検討する。第6章においては，統合報告をめぐる諸課題について明らかにする。第7章においては，企業と資本市場の間の認識ギャップを縮める「対話」を中心に，IFRS導入の意義を深めるIR活動について考察する。第8章においては，日本の医薬品企業の行動をIFRSの導入，コーポレート・ガバナンス・システムの充実，アニュアル・レポート（統合報告）の充実という観点から考察し，その制度変化への先駆性を明らかにする。第9章においては，本研究プロジェクトにおいて実施したアンケート調査の結果を検討しつつ，IFRSの導入に関する財務報告利用者および作成者の意識のギャップについて明らかにする。

　本研究プロジェクトを開始したころの混迷状態を脱して，IFRSへの対応のあり方を中核とするわが国の財務報告制度の方向性をめぐる議論も新たな段階を迎えた感がある。この時期に，本研究プロジェクトの成果を適

iii

時にまとめることができたのは，ひとえに青山学院大学総合研究所のご助成の賜物である。総合研究所の渡辺節夫所長をはじめ，本書の出版に際してお世話になった関口晃氏と渡邉奈穂美氏，本書の刊行を快く引き受けて下さった同文舘出版株式会社の中島治久社長，そして，本書の完成まで全面的なご支援とご協力をいただいた青柳裕之氏に心から感謝の意を表する次第である。

　2015年1月

青山学院大学の箱根駅伝初優勝を祝して

編著者　橋本　尚

◆ 目　次 ◆

## 第1章　利用者指向の国際財務報告のフレームワーク

1　はじめに ……………………………………………………………… 2
2　AIMR 報告書とジェンキンズ報告書…………………………………… 4
3　財務報告に関する概念フレームワーク……………………………… 9
4　結びに代えて―フレームワークに基づく IFRS 教育― …………… 10


## 第2章　利用者から見た IFRS

1　はじめに ……………………………………………………………… 18
2　投資家から見た IFRS………………………………………………… 19
3　「投資家から見た IFRS」に対する批判的見解……………………… 24
4　個別の会計基準に関する投資家の見解……………………………… 29
5　結びに代えて ………………………………………………………… 34


## 第3章　IFRS の導入に係る会計制度上の考察

1　はじめに ……………………………………………………………… 40
2　会計基準に対する規範性の付与 …………………………………… 41
3　わが国の会計基準以外による財務諸表等に関する特例措置 ……… 43
　　1．SEC 基準特例の創設経緯とその概要　　43

v

2．IFRS 特例の創設経緯とその概要　44
4　SEC 基準特例と IFRS 特例の制度上の相違 …………………… 46
　　1．SEC 基準特例の会計制度上の位置づけ　46
　　2．IFRS 特例の会計制度上の位置づけ　47
5　IFRS 導入へのアプローチ方法とその意味 …………………… 49
　　1．IFRS の導入へのアプローチ方法　49
　　2．各アプローチの関係　51
6　IFRS の導入方法と課題 ………………………………………… 53
　　1．アドプションにおける課題　53
　　2．コンバージェンスにおける課題　55
7　結びに代えて …………………………………………………… 57

## 第4章　会計基準の設定のあり方と適用に関する課題

1　はじめに―問題提起 …………………………………………… 64
2　「公正な会計慣行」に対する見方の違い ……………………… 66
3　会計基準の一般的承認性の経緯[5] …………………………… 68
4　監査基準の一般的承認性の経緯 ……………………………… 71
5　わが国における「一般に公正妥当と認められる企業会計の基準」 …… 72
6　「一般に公正妥当と認められる企業会計の慣行」の意義および課題 … 75
7　結びに代えて―IFRS 適用に関する今後課題 ………………… 78

## 第5章 法人税法第22条第4項にいう公正処理基準の再検討

1　はじめに ………………………………………………………… 86
2　法人税法第22条第4項の制定経緯 …………………………… 87
　　1．企業会計基準審議会「税法と企業会計原則との調整に関する意見書」　87
　　2．企業会計審議会「税法と企業会計との調整に関する意見書」　88
　　3．税制調査会「税制簡素化についての第一次答申」　89
3　法人税法における所得概念と公正処理基準 ………………… 90
4　公正処理基準とは何か ………………………………………… 93
　　1．公正処理基準の意味　93
　　2．大竹貿易事件の検討　95
5　不動産流動化実務指針の公正処理基準としての規範性 …… 100
　　1．事案の概要　100
　　2．流動化実務指針の要点　101
　　3．事案の争点　102
　　4．判決の要旨　102
　　5．裁判所の判断　104
6　結びに代えて …………………………………………………… 106

## 第6章 IFRS会計思考の展開にみる統合報告の可能性

1　はじめに ………………………………………………………… 114
2　IFRS会計思考の特徴 ………………………………………… 115
　　1．財務報告の目的とリスクを伴う会計事象　115
　　2．リスク概念の整理　117
　　3．認識規準におけるリスク　118

3 認識・測定規準の再検討 ……………………………………………… 121
　1. 認識規準と測定規準の連携　121
　2. 認識規準　122
　3. 測定規準　124
4 統合報告の制度 ………………………………………………………… 127
　1. 統合報告の特徴　127
　2. 統合報告制度の国際的動向　130
5 統合報告の開示実態 …………………………………………………… 133
　1. ベストプラクティスにみる開示実態　133
　2. 説明原則と内容要素の分析　135
　3. 日本での開示実態　140
6 統合報告の課題と可能性 ……………………………………………… 143
　1. 重要性概念　143
　2. 統合報告の範囲と配置　145
　3. 統合リスクマネジメント　149
7 結びに代えて …………………………………………………………… 152

## 第7章　IFRS 任意適用と IR

1 はじめに ………………………………………………………………… 160
2 IFRS 任意適用企業の IR 活動 ………………………………………… 161
　1. 企業が IFRS を任意適用する目的　161
　2. IFRS 任意適用企業の IR 活動の実際　162
　3. IFRS 導入の有用性に関する企業とアナリストとの意識差　165
3 財務情報利用者にとっての IFRS と IR ……………………………… 166
　1. アナリストが着目する IFRS 項目　166
　2. アナリストが求める情報開示の継続　169

3. のれんの金額が増大したIFRS任意適用企業の事例　170
 4　対話の時代のIFRSとIR ……………………………………… 172
   1. 企業と資本市場の共通した目的　172
   2. IR活動で対話すべきテーマ　173
   3. 対話を活用する企業事例　176
 5　結びに代えて―IR活動が企業価値向上を導く可能性― ……… 177

# 第8章　わが国医薬品企業における制度変化への先駆性
―IFRS，ガバナンス，アニュアルレポートにおける先進事例の研究―

 1　はじめに ……………………………………………………… 182
 2　IFRSの導入状況と情報開示 ………………………………… 183
 3　クロスボーダーM＆Aの隆盛～IFRS前夜の状況 …………… 186
   1. 最大手武田薬品工業のダイナミックなM＆Aの遂行　186
   2. 多額の「のれん」計上　189
 4　IFRS下のロシュ社の注目される会計処理 …………………… 191
 5　IFRS移行時の情報開示―アステラス製薬と中外製薬の事例 … 194
   1. 中外製薬の事例　194
   2. アステラス製薬の事例　197
 6　ガバナンス・システムにおける医薬品企業の先駆性 ……… 199
 7　アニュアルレポートあるいは統合報告の充実 ……………… 202
   1. 適確な中期経営計画（20-22頁）※以下2013年アニュアルレポートの該当頁　203
   2. 広汎なステークホルダーへの活動報告が充実（40-41頁）　206
   3. 財務・非財務ハイライト～18の重要指標を列挙（16-17頁）　207
   4. コーポレート・ガバナンス情報の進展（79-85頁）　209
   5. 統合報告のお手本として評価される　210
 8　結びに代えて ………………………………………………… 210

## 第9章 IFRSの導入に関する財務報告利用者および作成者の意識のギャップについて

1 はじめに―問題の所在 …………………………………………… 214
2 先行研究・調査と仮説設定 …………………………………… 215
3 調査方法と結果 ………………………………………………… 219
　1．IFRSの適用方法　222
　2．IFRSの比較可能性　224
　3．会計基準の混在　227
　4．個別基準　230
4 結びに代えて …………………………………………………… 240


付　録　「アンケート」質問用紙と回答用紙


索　引　255

## 略語表

| 略 | 原文 | 日本語 |
|---|---|---|
| AAA | American Accounting Association | 米国会計学会 |
| ADR | American Depositary Receipts | 米国預託証券 |
| AICPA | American Institute of Certified Public Accountants | 米国公認会計士協会 |
| APB | Accounting Practices Board | 会計実務審議会 |
| ASBJ | Accounting Standards Board of Japan | 企業会計基準委員会 |
| ASOBAT | A Statement of Basic Accounting Theory | 基礎的会計理論 |
| EITF | Emerging Issues Task Force | 緊急問題タスクフォース |
| EU | European Union | 欧州連合 |
| FASB | Financial Accounting Standards Board | 財務会計基準審議会 |
| GAAP | Generally Accepted Accounting Principles | 一般に認められた会計原則 |
| GAAS | Generally Accepted Auditing Standards | 一般に認められた監査基準 |
| IAS | International Accounting Standards | 国際会計基準 |
| IASB | International Accounting Standards Board | 国際会計基準審議会 |
| IASC | International Accounting Standards Committee | 国際会計基準委員会 |
| IFRS | International Financial Reporting Standards | 国際財務報告基準 |
| IIRC | The International Integrated Reporting Council | 国際統合報告評議会 |
| SEC | Securities and Exchange Commission | 米国証券取引委員会 |

# 第1章
## 利用者指向の国際財務報告のフレームワーク

## 1 はじめに

　証券市場において資金調達を行う公開企業を念頭に置いた場合，財務会計情報を中心とする企業情報の提供者である経営者と，主たる利用者である投資家との間には，一般的に大きな情報格差がある。また，投資家間でも情報格差があるのが通例である。こうした情報の非対称性は，市場メカニズムにより自律的に緩和することも可能であるが，市場メカニズムの機能障害による「市場の失敗」により，効率かつ公正な解決策が得られない可能性がある。ここに会計規制を導入し，「市場の失敗」を是正することが正当化される。しかし，「市場の失敗」の原因には，会計規制が有効に機能しないことによる「政府の失敗」の原因と共通するところも多く，会計規制を導入することによって常に社会的に望ましい結果がもたらされるとは限らない。それぞれの制度設計に必要な社会的コストなども勘案しなければならない。市場メカニズムを選択するか，会計規制を選択するか，あるいは両者の棲み分けを考えるかは，基本的には社会の構成員が最善の結果をもたらそうとして行う社会的選択によって決定される。財務会計の領域においては，これまでのところ，こうした社会的選択の結果として，社会規範としての会計規範を会計基準（会計原則）や財務報告基準として形成していくという方法が採用されてきた。今日，会計基準は，経済社会の重要なインフラストラクチャーとなっている。

　会計基準は，社会の人々の様々な利害が対立する中で，社会的合意を得て形成される。当然のことながら多様な考え方があり，利害関係者間で見解が大きく異なる場合もある。国際財務報告基準（International Financial Reporting Standards: IFRS）を開発する国際会計基準審議会（International Accounting Standards Board: IASB）や企業会計基準を開

発するわが国の企業会計基準委員会などの会計基準設定主体は，財務情報の作成者や監査人，投資家その他の財務情報の利用者等[1]の様々な利害関係者（ステークホルダー）のニーズを勘案した上で，会計基準の開発を進めているが，今日，社会の人々は，成果たる会計基準の正当性だけでなく，会計基準を形成するプロセスにおける手続の公正性や会計基準設定主体の独立性，中立性を確保することにも重大な関心を寄せている。会計基準の形成に際してデュー・プロセスを踏むことが重視されるのは，それにより，誰もが会計基準の形成に参加し得る機会をもっているという参加民主主義的な状況がつくりだされるからである。

　1966年に公表された米国会計学会（American Accounting Association：AAA）の『基礎的会計理論』（A Statement of Basic Accounting Theory：ASOBAT）は，会計を情報の1つと位置づけ，貨幣的測定に限定されないとの立場を明らかにした画期的な報告書であるが，そこでは，会計情報に求められる基本的な特性として，意思決定有用性が強調されている。今日，IASBや米国の財務会計基準審議会（Financial Accounting Standards Board：FASB）など，国際的な影響力の大きい舞台における質の高い会計基準の設定は，ASOBATの提唱した「意思決定有用性アプローチ」に基本的に立脚して進められている。このことは，FASBが「投資家およびその他の財務報告書の利用者の意思決定に有用な情報を提供する非政府組織の財務報告を促進する財務会計および報告の基準を設定し改善すること」をその使命として掲げていることからも明らかである。その意味では，会計基準設定や財務報告の広範な領域において，成果物の利用者のニーズに着目しようという考え方は，新しいものではないが，本章においては，今日的意味における利用者指向の国際財務報告の提唱の系譜を紐解き，かかる考え方が，会計基準設定主体の構成や設定プロセスにおいてどのように反映され，また，財務報告に関する概念フレームワークにお

いてどのように位置づけられているかを明らかにしていく。

## 2 AIMR 報告書とジェンキンズ報告書

　投資管理調査協会(Association for Investment Management and Research: AIMR, 2004年より CFA協会(CFA Institute) と名称変更されている)の財務会計方針委員会(Financial Accounting Policy Committee)が 1993年 11月に公表した『1990年代以降の財務報告』(Financial Reporting in the 1990s and Beyond)(『AIMR報告書』)[2]と米国公認会計士協会(American Institute of Certified Public Accountants: AICPA)の財務報告に関する特別委員会(後に FASB議長になったジェンキンズ委員長の名前から, ジェンキンズ委員会と称される)が 1994年 12月に公表した『事業報告の改善─顧客指向：投資家および債権者の情報ニーズを満たすこと』(Improving Business Reporting─A Customer Focus: Meeting the Information Needs of Investors and Creditors)(『ジェンキンズ報告書』)[3]は, グローバル化, 情報ネットワーク化, ソフト化として特徴づけられる新たな時代の到来を告げる先駆的, 啓蒙的な報告書として高く評価されている。2つの報告書の共通点は, ASOBAT を嚆矢とする「意思決定有用性」の理念の下に,「顧客指向」の観点から情報利用者の声を反映させる形で目的適合性, 有用性, 信頼性および効率性を追求した財務報告ないしは事業報告の「構造改革」の青写真を示し, 米国における企業情報開示制度の発展の方向性[4]を明確に打ち出していることである。

　『ジェンキンズ報告書』の最大の特徴は,「顧客指向」[5]の観点に徹している点である。すなわち, 利用者の声を直接かつ広範にわたって聞くことにより, その真の情報ニーズを明らかにし, 目的適合性を有する有用かつ

効率的な企業情報の将来像を「包括的事業報告モデル」として提示している。

　財務諸表を中心とする従来の財務報告では，財務情報・過去情報に焦点が当てられてきた。これに対して，「包括的事業報告モデル」は，こうした情報では企業の実態を把握する上で不十分であるとしながらも，さりとて，全面的に時価を導入することは，主観的となったり，変動性が大きくなるとして，非財務情報ないし定性的情報や将来指向的情報へと開示を拡充することを勧告している。

　『ジェンキンズ報告書』の勧告の核心である「包括的事業報告モデル」は，以下の5つの広範な情報に区分される10個の要素から構成されている[6]。

---

1　財務データおよび非財務データ
　①財務諸表および関連する開示
　②経営者が企業経営に利用する高度の営業上のデータおよび業績測定値
2　財務データおよび非財務データに関する経営者の分析
　③財務，営業および業績関連データの変動の理由ならびに主要な動向の実態および過去の影響
3　将来指向的情報
　④主要な動向の結果生じたものを含む事業機会およびリスク
　⑤重要な成功要因を含む経営者の計画
　⑥実際の企業の業績と以前開示された事業機会，リスクおよび経営者の計画との比較
4　経営者と株主に関する情報
　⑦取締役，経営者，報酬，主要な株主ならびに関連当事者間の取引および関係
5　企業の背景
　⑧広範な目標と戦略
　⑨事業と所有資産の範囲と説明
　⑩産業構造が企業に及ぼす影響

『AIMR 報告書』が財務報告の要である財務諸表の改善に焦点を当てて，財務報告という構図の中で改善策を模索しているのに対して，『ジェンキンズ報告書』は，財務数値だけに限定されない企業固有の情報に関する広範かつ革新的な開示内容を「事業報告」という概念の下に包摂し，財務諸表以外の情報の改善にも取り組む姿勢を明確にしている。

　顧客指向へと視点を変えることで，財務報告（財務諸表）より広範な事業報告という観点から財務諸表以外の情報の改善に取り組む必要性を指摘した『ジェンキンズ報告書』[7]のシナリオのとおり，事業報告の改善は，IT 革命という追い風も受けて着実に進められてきた。他方，ニュー・エコノミーの台頭により脚光を浴びる形となった無形資産会計の問題は，事業報告の要である財務諸表自体の改善の必要性を再認識させるものである。事業報告の改善においては，これら両面における改善の相乗効果が期待されるところであり，ステークホルダーの企業に対する期待の広範化・多様化に迅速に対応するとともに，評価の厳格化を通じてディスクロージャーの信頼性を高める取り組みが進められてきた。

　また，『AIMR 報告書』においては，会計基準設定プロセスにおける財務諸表利用者のニーズを汲み取る必要性が強調されるとともに，利用者が文書によるコメントおよび口頭による証言を行うという当時のスタイルに加えて，FASB の一員として直接参加することを通じて，利用者の見解が会計基準設定プロセスに取り入れられるべきであると提言している。

　FASB のハーズ（Robert Herz）元議長[8]によれば，2001 年から 2002 年の報告不祥事が起きる前，大半の投資家や財務情報の利用者は会計基準設定に興味がなく，FASB の活動に関与することには難色を示していたという。FASB は，その使命の中では，投資家や他の利用者を対象と想定される会計基準の主要な受益者として（すなわち，FASB の成果物の主要な顧客として）位置づけているものの，実際には，投資家や他の財務情

報利用者のFASBの基準設定活動への関与がかなり欠如しているという深刻な問題を抱えていた。FASBの7名のボードメンバーのうち投資家グループからの参加は1名であり，FASBのスタッフの中に投資家の経歴をもつものはほとんどおらず，緊急問題タスクフォース（Emerging Issues Task Force: EITF）のメンバーには利用者がいない。財務会計基準諮問委員会（Financial Acounting Standards Advisory Council: FASAC）やその他の諮問グループには数名の利用者がいるが，これらのグループは，公認会計士や財務担当役員に取り仕切られているという現状であった。

しかしながら，報告不祥事の発生を受けて状況が変わり，会計基準設定活動に投資家やその他の利用者が直接関与する度合いを組織的かつ積極的に増やすこととなった。

第1に，投資業界からのFASBボードメンバーのシーネマン（Gary Schieneman）氏の指揮の下に，FASBに利用者諮問会議（持分・債券投資家やアナリスト，バイサイドの投資家，セルサイドのアナリスト，年金基金，投資信託会社，個人投資家および債券格付機関を代表する多様な約25名の年配の利用者により構成される）を新設した。その後，ヤング（Don Young）氏の提案に基づいて，彼とリンスマイヤー（Tom Linsmeier）氏の尽力により，開発中の特定の基準に関する詳細かつ専門的な情報をFASBに提供する投資家専門会計委員会を設立した。ヤング氏はまた，スタッフが多くのアメリカの大手の投資信託グループのポートフォリオ・マネージャーやアナリストから特定の会計および報告上の問題に関する情報を求めることができるような機関も創設した。また，投資家やその他の利用者との専任の窓口として業務を行う2人の経験豊富な人材を投資業界から採用し，ボードメンバーのシーゲル（Marc Siegel）氏とともに，それぞれの主要なプロジェクトで利用者とFASBが直接仕事をする領域や基準設定開発に関する利用者グループとのコミュニケーションの拡大・強化を図った。

2003年初頭から，EITFを再編し，利用者2名を加え，その後，14名のEITFのメンバーのうち3名まで利用者を増加させた。当然の成行きとして，利用者は，FASBの中小企業諮問委員会，非公開会社財務報告委員会（現在は新設の非公開会社会議），非営利諮問委員会など実質的にすべてのプロジェクト諮問グループに参加することとなった。FASACの利用者メンバーの数は，近年着実に増加してきている。FASBのメンバーにも複数のプロの財務諸表利用者を擁するまでになった。また，FASBは毎年，CFA協会やニューヨーク州証券アナリスト協会の会計委員会と顔を合わせているなど，FASBは今や実質的にすべての基準設定活動に関して広範な利用者からの情報を適時，適切に入手できるようになっている。かかる情報は特定の問題に関する利用者間の見解の多様性を反映する場合も多いものの，FASBの基準設定に関する判断に影響を及ぼしており，近年では，IASB，証券取引委員会（Securities and Exchange Commission），公開会社会計監視委員会（Public Company Accounting Oversight Board：PCAOB）も投資家諮問委員会を創設するなどの広がりをみせている。

　翻って，IASBの青写真が示された1999年11月の国際会計基準委員会（International Accounting Standards Committee: IASC）の戦略作業部会（Strategy Working Group：SWG）の報告書『IASCの将来像への勧告』（Recommendation on Shaping IASC for the Future）によれば，新生IASBのボードメンバーには，公共の利益のために行動することが要請され，多様な意見が反映されるように，少なくとも5名は監査実務の経験を，少なくとも3名は財務諸表作成者の経験を，また，少なくとも3名は財務諸表利用者の経験を，さらに少なくとも1名は学者の経験をもつこととされていた。

　ところで，わが国の企業会計基準委員会における利用者の存在感はまだまだ薄いように思われがちであるが，2001年の創立に際して，その委員

構成についても関係当事者間のバランスを確保すべく,作成者3名,利用者4名,監査人3名,学識経験者3名の計13名とされ,利用者枠として作成者より1名多い割当てがなされたことは注目に値しよう。

## 3　財務報告に関する概念フレームワーク

　IASB は,前身の IASC が 1989 年 7 月に公表した「財務諸表の作成および表示に関するフレームワーク」を 2001 年 4 月に自らの概念フレームワークとして採用したが,その後,IASB と FASB により,改善された共通の概念フレームワークを開発するための共同プロジェクトが A から H の 8 つのフェーズに分けて進められ,2010 年 9 月にフェーズ A が完成し,「財務報告に関する概念フレームワーク」の第 1 章「一般目的財務報告の目的」と第 3 章「有用な財務情報の質的特性」として公表された。しかし,その後は,他のプロジェクトに資源を集中するために本共同プロジェクトは休止状態におかれていたが,2012 年に IASB 単独で同プロジェクトを再開することを決定した後は,スピードを加速して,残りのすべてのフェーズを完成させるべく一括して検討が進められている。IASB は,2013 年 7 月に,一里塚として,これまでの議論を受けてディスカッション・ペーパー (DP) を公表している[9]。

　2010 年 9 月に IASB が公表した「財務報告に関する概念フレームワーク」[10]の第 1 章「一般目的財務報告の目的」では,現在のおよび潜在的な投資者,融資者および他の債権者を一般目的財務報告[11]の主要な利用者[12]と位置づけた上で,一般目的財務報告の目的は,主要な利用者が企業への資源の提供に関する意思決定を行う際に有用な,報告企業についての財務情報を提供することであるとして,個々の主要な利用者は,情報へのニーズや要

求が異なっており,場合によってはそれらが相反することもあるが,財務報告基準を開発するにあたっては,主要な利用者の最大多数のニーズを満たす情報セットを提供することを目指す,としている [FW. OB2, OB8]。

　企業への将来の正味キャッシュ・インフローの金額,時期および不確実性(見通し)を評価するために,主要な利用者である現在のおよび潜在的な投資者,融資者および他の債権者が必要としているのは,企業の資源,企業に対する請求権および企業の経営者や統治機関が企業の資源を利用する責任をどれだけ効率的かつ効果的に果たしたかに関する情報であるが,主たる利用者の多くは,情報提供を企業に直接に要求することができず,必要とする財務情報の多くを一般目的財務報告書に依拠しなければならないので,一般目的財務報告書が対象とする主要な利用者として位置づけられる。

　このように,「財務報告に関する概念フレームワーク」においては,主要な利用者が企業への資源の提供に関する意思決定を行う際に有用な,報告企業についての財務情報を提供するという利用者指向の考え方が前面に打ち出されている。

## 4　結びに代えて―フレームワークに基づくIFRS教育―

　こうした利用者指向の考え方は,「フレームワークに基づくIFRS教育」における基本的な考え方としても導入されている。IFRS財団(IFRS Foundation)の教育イニシアティブが推進する「フレームワークに基づくIFRS教育」では,ケース・スタディを通して判断や見積りを行うためのスキルを身につけることに重点がおかれているが,そこでは,IFRSは,一般目的財務諸表において重要な取引および事象を対象とした認識,測定,表

示および開示の要求を示すものであり,一般目的財務諸表に表示される情報の基礎をなす概念を取り扱った財務報告に関する概念フレームワーク[13]を基礎としている,として,IFRSを学習する最も効率的な方法は,概念フレームワーク,とりわけ,その出発点である一般目的財務報告の目的を適切に理解することであり,これを「フレームワークに基づくIFRS教育」の基礎と位置づけている。そして,この目的に関連づけて,概念フレームワークに規定されているその他の主要概念や会計処理の対象となる特定の取引または事象の経済的側面について理解する必要があるとしている。このようにして経済的側面を理解した上で,はじめて,どのような情報を提供すれば主要な利用者の意思決定に有用となるかを,次のようなステップを踏んで検討していくことになる[14]。

①経済現象(取引,その他事象または状況など)の経済的側面について議論する。
②表示された取引の構成要素(資産,負債,持分,収益,費用)を識別する。
③報告企業に情報提供を直接に要求することができない現在のおよび潜在的な投資者,融資者および他の債権者(主要な利用者)の経済的意思決定のニーズに対して,目的適合性を有し,かつ信頼性を有するのは経済現象に関するどのような情報か(忠実に表現することが可能な情報など)という問題を考察する。
④識別された経済現象に対する会計処理を具体的に規定しているIFRSの要求事項を特定する。具体的なIFRSの要求事項が存在しないと思われる場合には,取引その他の事象または状況に具体的に当てはまるIFRSが存在しない場合に適用される全般的な要求事項(具体的には,国際会計基準(IAS)第8号「会計方針,会計上の見積りの変更および誤謬」第10項〜第12項に示された「IAS第8号のヒエラルキー」)を特定する。

⑤当該経済現象の会計処理と開示に必要な判断について考察する。

上記のようなアプローチにより，IFRSの要求事項を財務報告の目的や概念と結びつけることで，IFRSに対する理解が深まることが期待される。また，結果として採用された会計方針と「概念フレームワーク」に規定された目的および概念との整合性の度合いを検討することにより，「フレームワークに基づくIFRS教育」をいっそう有効かつ効率的に展開することができる。

### 注

1) 2006年12月に企業会計基準委員会から公表された討議資料『財務会計の概念フレームワーク』においては，ディスクロージャー制度の主たる当事者として，情報を利用して企業に資金を提供する投資家，情報を開示して資金を調達する経営者および両者の間に介在し，保証業務を通じて情報の信頼性を高める監査人の3者が想定されている[第1章第6項]。
2) AIMR (1993)（八田・橋本訳 2001）．
3) AICPA (1994)（八田・橋本訳 2002）．
4) 井尻 (1998, pp.117-135) は，米国会計の動向を多次元的に捉え，「政治化」，「国際化」，「技術化」，「顧客化」，「静態化」，「多様化」，「未来化」および「複雑化」という8つの軸をあげて解説している。
5) 市場に合わせて組織や事業を変更するという考え方は，Porter (1985)（土岐ほか訳 1985）の著作において提唱されて以来，米国のビジネス界における基本思考となっており，「顧客指向」という考え方もこの延長線上にあるものと捉えることができる。
6) 10要素は，利用者の情報ニーズから導出されたものと委員会の判断により追加されたもの（⑥）からなる。AICPA (1994, pp.51-52)（八田・橋本訳 2002, pp.106-107）。
7)『ジェンキンズ報告書』に対しては，「①すべての利用者を対象としておらず，また，一部の専門的利用者の見解に偏向している面があり，利用者の情報ニーズを的確に捉えているとはいいがたい。例えば，営業活動によるキャッシュ・フローの表示方法として直接法を勧告していないのは，利用者の見解を代表したものとはいえない。②外部報告を内部報告と整合させることは，比較可能性の低下につながり，また，企業を競争上不

利な立場におくことになる。③弾力性のある報告の概念は、コスト・ベネフィットの他、利用者ごとに情報ニーズが異なる点にも配慮したものであるが、これは、選別的情報開示につながる危険もはらんでいる。」といった痛烈な批判もなされている。The CPA Journal Symposium (1995, pp.18-26)；Timmons and Dillon (1995, pp.11-13)；Seidler (1995, pp.119-124)。

8) Herz (2013, pp.10-15) (杉本・橋本訳 2014, pp.46-49)。
9) 2013年7月18日に公表されたディスカッション・ペーパー (DP)「財務報告に関する概念フレームワークの見直し」の構成は、以下のとおりである。
    ①財務諸表の構成要素
    ②資産および負債の定義を補助するための追加的ガイダンス
    ③認識および認識の中止
    ④持分の定義および負債と資本性金融商品との区別
    ⑤測定
    ⑥表示および開示
    ⑦包括利益計算書における表示－純損益とその他の包括利益
    ⑧その他の論点
10) IASB (2010)。
11) 技術の進展により一般目的財務報告が陳腐化する時代が到来するかもしれない。新しい技術、例えば、拡張可能な事業報告言語 (eXtensible Business Reporting Language：XBRL) により、将来は、異なる利用者が個々の情報ニーズを満たすための異なる財務報告を組み立てるのに必要な情報を、報告企業が作成または利用可能とすることが可能となるかもしれない。しかしながら、異なる利用者に異なる報告を提供すること、あるいは利用者が自分用の特製の報告書を組み立てるのに必要とする情報のすべてを利用可能とすることは、コストがかかる。財務情報の利用者に自分用の報告書を組み立てることを要求することも不合理かもしれない。多くの利用者が現在よりも会計をもっとよく理解することが必要となるからである。したがって、現時点では一般目的財務報告は依然として、様々な利用者の情報ニーズを満たすための最も効率的で効果的な手段である [FW BC1.5, BC1.6]。
12) IASBが、一般目的財務報告の主要な利用者を、報告企業の現在のおよび潜在的な投資者、融資者および他の債権者とすべきだと結論を下した理由は、次のとおりである [FW. BC1.16]。
    ①現在のおよび潜在的な投資者、融資者および他の債権者は、財務報告の情報に関して最も重大な当面のニーズがあり、その多くはその情報を直接提供することを企業に要求できない。
    ②IASBとFASBは、その責務により、資本市場の参加者のニーズに焦点を当てること

を求められており，それには現在の投資者だけでなく潜在的な投資者や現在のおよび潜在的な融資者および他の債権者も含まれる。
③明示された主要な利用者のニーズを満たす情報は，コーポレート・ガバナンスが株主の観点で定義されている法域とすべての利害関係者の観点で定義されている法域の両方における利用者のニーズを満たす可能性が高い。
13) 2013年7月18日に公表されたディスカッション・ペーパー (DP)「財務報告に関する概念フレームワークの見直し」では，IASBの予備的見解として，「概念フレームワーク」の主たる目的は，IASBがIFRSの開発および改訂を行う際に一貫して使用することとなる概念を識別することにより，IASBを支援することである，としているが，IASB以外の関係者が，現行の基準を理解し解釈することや特定の取引または事象に具体的に当てはまる基準または解釈指針がない場合の会計方針の策定を行うのにも役立つ可能性がある，としている（第1.26項および第1.28項）。
14) IFRS財団 (2014, p.4)。

### 参考文献

Association for Investment Management and Research [AIMR] (1993) Financial Accounting Policy Committee, Financial Reporting in the 1990s and Beyond, AIMR.（八田進二・橋本尚訳（2001）『21世紀の財務報告』白桃書房）

American Institute of Certified Public Accountants [AICPA] (1994) Special Committee on Financial Reporting, Improving Business Reporting— A Customer Focus : Meeting the Information Needs of Investors and Creditors, AICPA.（八田進二・橋本尚訳（2002）『事業報告革命』白桃書房）

Herz, R.H. (2013) *Accounting Changes: Chronicles of Convergence, Crisis, and Complexity in Financial Reporting*, AICPA.（杉本徳栄・橋本尚訳（2014）『会計の変革：財務報告のコンバージェンス，危機および複雑性に関する年代記』同文舘出版）

IFRS Foundation (2014) Introduction to a Framework-based approach to teaching the IAS 8 Hierarchy.（IFRS財団（2014）「IAS第8号ヒエラルキーのフレームワークに基づく教育アプローチに関する序説」。）

International Accounting Standards Board [IASB] (2010) The Conceptual Framework for Financial Reporting.

Porter, M.E. (1985) *Competitive Advantage: Creating and Sustaining Superior*

*Performance*, Free Press.(土岐坤・中辻萬治・小野寺武夫訳(1985)『競争優位の戦略:いかに高業績を持続させるか』ダイヤモンド社)

The CPA Journal Symposium on Recommendations for Improving Business Reporting (1995) *The CPA Journal* Vol.65 No.1.

Seidler, L.J. (1995) Review: Improving Business Reporting—A Customer Focus: Meeting the Information Needs of Investors and Creditors; and Comprehensive Report of the Special Committee on Financial Reporting (The Jenkins Report), *Accounting Horizons* Vol.9 No.2.

Timmons, E.L. and K.G. Dillon (1995) The Jenkins Committee: Where It Missed the Mark, *Financial Executive* Vol.11 No.3.

井尻雄士(1998)「アメリカ会計の変遷と展望」『會計』第153巻第1号。

# 第 2 章
## 利用者から見た IFRS

# 1　はじめに

　財務報告の利用者の観点からわが国における国際財務報告基準（International Financial Reporting Standards：IFRS）導入の意義と課題を明らかにする上で重要な足がかりを得るためには，利用者（投資家）から見た IFRS の純粋かつ率直な姿を浮彫りにする必要がある。このことは，2011年8月25日開催の企業会計審議会総会・企画調整部会合同会議の資料2「今後の議論・検討の進め方（案）」[1] の中に「我が国の国益を踏まえ戦略的思考・グランドデザインを形成する」にあたって，現時点で検討が必要であると考えられる主要な11項目[2] の1つとして「投資家と企業とのコミュニケーション」が掲げられていることからも明らかである。そこで本章においては，上記の主要な11項目の1つの「投資家と企業とのコミュニケーション」に関連して，2012年4月17日に開催された企業会計審議会総会・企画調整部会合同会議において行われた説明と，かかる説明をめぐる議論に焦点を当てることとする。もっとも，「長期にわたってデータを収集してゆく過程で直面した最も困難な事象の一つは，投資家やアナリストによる積極的な意見表明が少なく，その意見聴取には相当の努力が費やされなければならなかったことである」[3] との指摘もあるように，投資家やアナリストの意見を吸い上げることが至難の業であるということは，われわれも十分承知しているところであり，こうした点にも十分配意しつつ検討していくこととする。

## 2 投資家から見た IFRS

　2012 年 4 月 17 日開催の企業会計審議会総会・企画調整部会合同会議において，公益社団法人日本証券アナリスト協会の稲野和利会長（当時）は，「投資家から見た IFRS」[4] と題して，投資家の観点から見た企業会計への IFRS の適用の是非，今後の課題等について，参考人として以下のような説明を行った[5]。

　会計基準設定主体は，会計基準を開発する目的として，投資の意思決定における有用性の向上を掲げており，このような設定主体にとって，投資家の代表としてイメージしやすいのが，プロのアナリストである。このようなプロのアナリスト集団としての日本証券アナリスト協会は，意見発信に際して，会員のコンセンサスを重視しており，5 年に 1 回，会計基準全般に関する体系的なアンケートを実施し，かかるアンケート結果をもとに常設委員会の企業会計研究会で議論した上で意見書を作成する形をとっており，委員会主導で先進的，先鋭的な意見を発信する米国の CFA 協会（CFA Institute）とは，意見発信のモデルが異なっている。

　IFRS を支持する理由（論点 1）としては，日本証券アナリスト協会が財務データの主要な利用者である検定会員[6]を対象に電子メールで 2010 年 6 月下旬に実施した「会計基準アンケート」（対象は検定会員でメールアドレス登録者の 17,363 名，回答者 690 名，回答率 4.0％）に基づいて[7]，「一般的に言って世界の各国が唯一の会計基準を採用すべきと思いますか」という質問に対して，回答者の 49.3％が「採用すべき」と答えており，「慎重に取り組むべきである」という答えも 40.3％存在すること，IFRS の採用についても，回答者の 58.6％が「仮に米国が採用しなくても，わが国は採用すべきである」と，26.4％は「米国が採用した場合には，わが国も採

用すべきである」と回答しており，「IFRS は採用すべきではない」との回答は，8.6％と少数となっていることから，アナリストは IFRS を支持しているということができるとしている。

Q5. 国際会計基準（IFRS）の採用について
Q5 (1) 一般的に言って世界の各国（地域を含む，以下同じ）が唯一の会計基準を採用すべきと思いますか。

| | |
|---|---|
| A　企業活動の国際化が進展しており，会計基準だけ各国独自に設定する理由に乏しい。各国企業の比較が容易になるというメリットも大きく，採用すべきである。 | 49.3% |
| B　唯一の会計基準を採用しても，監査等を含む適用・執行が異なる可能性があり，慎重に取り組むべきである。 | 40.3% |
| C　会計基準は各国の商習慣等を反映すべきであり，唯一の基準への統一は好ましくない。 | 8.6% |
| D　その他 | 1.9% |

Q5 (2) IFRS の採用

　国際会計基準（IFRS）はすでに EU 諸国等で採用されているほか，世界で 100 ヵ国以上が採用または採用予定といわれています。米国は 2011 年，わが国は 2012 年に IFRS を採用（アドプション）するかどうか決定する見込みです。仮にわが国が採用を決定した場合，2015 年または 2016 年頃に IFRS に移行する見込みです。IFRS 採用について，どう考えますか。

| A | 仮に米国が採用しなくても，わが国は採用すべきである。 | 58.6% |
|---|---|---|
| B | 米国が採用した場合には，わが国も採用すべきである。 | 26.4% |
| C | IFRS は採用すべきではない。 | 8.6% |
| D | その他 | 6.5% |

　このようにアナリストは IFRS を支持しており，特に期待しているのは，比較可能性が向上することである。電機，自動車，医薬品などのグローバル企業においては，他国の競争相手と比較分析することが，アナリストやファンド・マネジャーの常識であり，比較可能性が高いほど，グローバルなボトムアップ・アプローチによる株式投資が容易になる。米国証券取引委員会（Securities and Exchange Commission：SEC）のスタッフ・ペーパーでは，世界が唯一の会計基準を採用するメリットとして，資本コストの低下や経済成長への寄与といった点も強調されている。

　もちろん，現時点で IFRS がすべて正しいとは言えないし，わが国として主張すべきところもあるが，それは IFRS を否定するという文脈においてではなく，IFRS との話合いによる擦り合わせで解決を図るべきである。もっとも，アナリスト側も手放しで IFRS を礼賛しているわけではなく，IFRS 採用には懸念も表明されている。上記のアンケートでも IFRS を採用した場合の具体的な懸念として，過半数の回答者が，国際会計基準審議会（International Accounting Standards Board：IASB）が政治的独立性を保持できず，欧州連合（European Union：EU）や米国等，わが国以外の国や地域の意見で基準が作成される可能性や，国によって基準の適用や監査水準の相違によって，財務報告の内容に大きな違いが生じる可能性を指摘している。

Q5 (3) IFRS を採用した場合の懸念

仮に，わが国が IFRS を採用した場合，どのような点が懸念されますか。（複数回答可）

| A 現在の日本基準と大きく異なる基準が提案されていること。 | 48.6% |
|---|---|
| B IASB が政治的独立性を保持できず，EU や米国等，わが国以外の国や地域の意見で基準が作成される可能性があること。 | 50.7% |
| C 世界各国が IFRS を採用しても，国によって基準の適用や監査水準の相違によって，財務報告の内容に大きな違いが生じる可能性があること。 | 50.7% |
| D とくに懸念はない。 | 7.4% |
| E その他 | 4.8% |

原則主義の IFRS では，企業の判断で会計処理が異なり，比較可能性が損なわれるとの批判もあるが，原則主義によって企業が異なる会計処理を行うのは，そもそも，企業のビジネスモデル自体が異なることが最大の原因であり，逆にいえば，細則主義によって，異なるビジネスモデルの企業に対して同一の会計処理を強制することは，企業に対して実態とは異なる姿を開示するように強いることにもなりかねない。アナリストが知りたいのは，経営者が何を考えているかということであり，開示内容の違いは，むしろ，その重要な手がかりとなるものと思われる。

現在の IASB は，世界の会計基準開発を託すに値する基準設定主体であると日本証券アナリスト協会としては考えているところであり，IFRS 財団の評議員会やモニタリング・ボードによる監視も十分に機能していると感じている。

他方，日本証券アナリスト協会から見た現在の IFRS の大きな課題は，純利益と包括利益について厳密に定義しないままに，組替調整（リサイク

リング）を認めない基準を増やしているという点である。同協会の立場は，完全リサイクリングを求めるものであり，この点ではわが国の多くの企業関係者と同意見である。IFRSを頑健な会計基準としていくためには，概念フレームワークレベルで利益の定義を明確化することが不可欠である。

わが国でのIFRS採用にあたって（論点2），アナリストが望むことを一言で大胆に要約するとすれば，最終的には全上場企業が連結決算にIFRSを採用するということであるが，これは当然，現時点では全くの理想論であろう。企業規模や業務の国際化の程度に関係なく，海外投資家が投資する可能性のある上場企業については，アナリストとしては，IFRSを採用してほしいと望んでいる。

同様に，複数の会計基準が併存するのは困るというのが，アナリストやファンド・マネジャーの実感である。今後，IFRS採用企業が増えれば，米国基準，IFRS，日本基準の3つの基準間で調整作業が必要となり，作業負担の増加は，避けられないところであろう。

IFRSの導入は段階的に進める，というのが現実的な対応であろうが，その一例として，段階的な強制適用，採用過程の1つのアイデアを提示しておきたい。これは全くのアイデア・ベースであるが，IFRSの適用を決定し，その決定から5年ないし7年後に一部の企業に強制適用を開始し，その後，5年ぐらいかけて，全上場企業へ強制適用を拡大する，というようなプロセスもあり得るのではなかろうか。その場合のポイントは，区分と時間であり，同一市場に複数の会計基準が併存するのは，投資家の分析実務上の負担も大きいので，比較可能性を確保しやすいように，経過措置として，一時的にIFRS採用企業と日本基準採用企業とで，市場を区分することも考えられよう。

中小の上場企業はIFRSの開示負担に耐えられないのでは，という懸念も当然あろうが，中小の上場企業は，業務内容があまり多様化していない

と思われるので，IFRS を強制適用しても開示負担は大きく増えないものと思われる。

　従来，わが国の連結会計基準と個別会計基準は，ほぼ同一であったが，今後は，連結基準と個別基準の乖離が拡大していく可能性がある。その場合，日本基準で個別決算のみを公表している企業と IFRS の連結決算を公表している企業との間では，業績の比較が困難となるかもしれないので，何らかの対応が必要と思われる。

　グローバル比較が可能な IFRS ベースの連結開示が達成されるのであれば，アナリストも個別開示の簡素化を受け入れる必要があろうが，順序としては，あくまでも連結決算への IFRS 適用が先であり，その後に個別開示の簡素化を検討すべきである。

　近年では，企業も投資家も，国内か海外かという垣根が低くなっているように感じられる。国内，海外の区別なく，投資家はどこの企業へでも投資し，そして，企業はどこの投資家からでも資金を受け入れていくというのが真のグローバル化であろう。IFRS は，そのようなグローバル化の時代にあって，企業と投資家とのコミュニケーションを支える重要なインフラといえよう。

## 3　「投資家から見た IFRS」に対する批判的見解

　上記のような「投資家から見た IFRS 観」に関しては，同日の企業会計審議会総会・企画調整部会合同会議において，以下のような批判的見解などが示された[8]。

● 今般のアンケート調査は，2010 年 6 月に実施されているが，昨今の欧

米の動向等，内外情勢に変化が見られることから，情報が陳腐化しているとの印象を払拭できない。また，回答率を見ても，アンケートに対する未回答者が多いことが推察されるが，こうした未回答者は，どのような類型のアナリストなのか。そもそもアナリストといっても金融業務に従事していない者もいるし，また，本来業務の中でもセルサイドやバイサイド，ストラテジスト，ファンド・マネジャー，セクターアナリスト等の属性によってもIFRS観は異なるものと思われる。投資家という用語についてもしかりであり，一般の投資家か，アナリストか，あるいは，M&A関係者か，投資銀行か，融資銀行か，国策銀行かなど様々なものが想定され，どの領域の投資家なのか，あるいは，投資家全体なのかを明確にした上で議論すべきである。

- 近年，数多くの実証分析から，IFRS強制適用による経済効果が限定的であるということが確認されてきているが，どのような経済効果を期待して，全上場企業強制適用を望んでいるのか。本当に大部分のアナリストがこのような考え方を支持しているのか。IFRSの本質的な思想，例えば，公正価値会計の拡大，損益計算書を軽視するような思想，キャッシュ・フローと乖離した見積り予測機能の拡大，さらには，保守主義思想の排除等に関してどのように考えているか。企業を対象とした強制適用は，一般的ではなく，世界的にはマーケットを対象にした適用が合理的であると思われるが，一部の企業を対象とした強制適用をどのように実施しようと考えているのか。わが国はすでにIFRSを任意適用しており，任意適用企業を増やす努力をすることが先決ではないか。

- アンケート集計結果と結論との間にかなりギャップがあるのではないか。「唯一の会計基準を採用すべきと思いますか」というQ5(1)に対

する回答で，49.3％は「採用すべき」であるが，40.3％は「慎重に取り組むべき」であり，「好ましくない」という回答の8.6％と合計すると48.9％となり，採用すべきという回答と採用すべきでないという回答とほとんど変わらないのではないか。このデータを見る限り，アナリストの意見は，ちょうどきれいに半分に分かれていると考えた方がよく，そこからは，アナリストはIFRS支持という結論は導けないのではないか。

● アナリストはIFRS適用を願っている，広い範囲で適用すべきである，という論調のように読み取れるが，そういうふうに考えていないアナリストもおり，比較可能性の向上という表現自体にも違和感がある。韓国視察の際に各方面から話を聞いたが，確かに他国の企業との大まかな比較可能性は向上したという指摘があった一方で，IFRSは原則主義であるので，会計方針の選択肢が増え，それにより比較可能性が低下したと考える企業も何社かあった。また，アナリストが望むことは，全上場企業へのIFRSの適用とあるが，同じアナリストとして，すべての上場企業に必要とは到底思えない。中小企業に対してIFRSベースの財務諸表を開示せよというニーズもそれほどあるとは考えられない。同じ市場に複数の基準が併存することは困るというが，IFRSも実際に韓国企業などを分析してみると，段階利益の定義が非常に曖昧なために，結局，再計算が必要となり，IFRSになったからといってアナリストが楽になるとも思えない。全上場企業の連結決算にIFRSを採用した方がいいというのは，金融機関に勤めているアナリストの主たる見解ではないか。どの会計基準を使っているかではなく，むしろ，その企業，産業が中長期的に成長するかどうかという点に関心があるのではないか。

● 昨今の事業環境のグローバル化に伴い，企業側でもグローバル・スタン

ダードのニーズや重要性は，十分に認識されていると考えており，国際的な会計基準の統一を目指したIFRSの開発あるいは普及に積極的に関与していくことについては，一定のコンセンサスが得られていると思っている。一方で，IFRS自体，まだいくつかの課題を抱えており，改善途上にあるということも事実であり，企業側としても，現時点で必ずしもベストな会計基準であるとは考えていない。そのことが企業側の早期適用の障害になっていると思われる。また，企業の収益性や成長性を評価し，投資してキャピタルゲインやインカムゲインを得ようとする機関投資家に対して，適切な情報提供がなされているかに関しては，IFRSの特徴である資産負債アプローチの重視や包括利益を含む業績情報の変質により，きわめて疑問であると考える。加えて，わが国のIFRS強制適用については，米国の動向を非常に重視すべきである。

- やはりアナリスト側の意見としては，1つの会計基準で世界の投資対象企業を分析していきたいというのが究極的な目標であり，これは揺るぎないところである。しかしながら，IFRSに対して必ずしも完全無欠で素晴らしい基準であると思っているわけではない。わが国としては，IASBと意見をよく擦り合わせて，投資家にとってより便益の高いものを協力しながら作っていく必要があろう。アンケート調査の件については，Q5については，Aが「採用すべき」，Bが「慎重に」ということで，「慎重に」に○を付けたが，これは反対という立場でBに○を付けたわけではなく，監査や基準の適用ということまで考慮すると，このアンケートの実施に際して，そうした詳細な点についての情報提供もなかったので，手放しにいいとは言えないということでBに○を付けた次第である。また，IFRSが作ろうとしている個々の会計基準についての上位概念，具体的には，概念フレームワークについての議論を尽くすことも重要で

あると考えている。

● 比較可能性が低下するのではないかという点については，原則主義における比較可能性は，少し分けて考える必要があると思っている。狭い意味での財務の比較という意味では，比較可能性は低下する可能性はあるが，マネジメント・アプローチといわれるように，もう少し経営全体を大きく見ていこうとする場合には，財務データに何を使っていくかということに経営者の意思が示されると思うので，広い概念では，比較可能性が高まることになると考えている。比較可能性を高めるということに対しては，大きく捉える考え方を持っていないと，個々の枝葉末節的なところでは差が出ることになってしまうので，比較可能性は低下するという短絡的な結論になってしまうのではなかろうか。

● 資本市場にいる者として，われわれは長い間，IFRSの流れに乗って，欧米に先んじられて，彼らのベースでルールを作られることはかなわないとの思いから，われわれの意見をしっかりと言えるように，IFRSへの進出，乗合いを宣言して，日本が主導権を取ろうという考えできたと認識している。このまま行ったのでは，果たして日本の資本市場が守れるか疑問である。確かに，日本には立派な技術があるが，事業を行うには資本が必要である。高い資本コストではいかに技術があっても競争力が落ちる。重要なことは，IFRSに乗って，われわれベースの主導権を取るということである。今や世界の富の60％がアジアに集まっており，資本市場ではアジアの金の取合いが起こっている。何としてでも効率的な資本市場を提供して，産業を興し，競争力を勝ち取ることこそ国家戦略である。

- Q5(1)に関して，この数字が事実といえば事実であるが，学術的に無視できない誤りがある。アンケートの場合，選択肢，質問票に，選択結果にかかわる理由を文章として織り込んではならない。それでは，回答を誘導してしまうことになる。まず質問すべきは，世界で単一の会計基準の作成ができるか否かということであり，これをイエスかノーで聞き，次に，できる（イエス）と回答した者に対して，日本がそれを採用すべきか否かを聞き，その後で，その理由を聞くという手順で質問しなければならない，と考える。その点で，Q5(1)のAの選択肢が，相当ミスリーディングになっていて，アンケート調査としては，非常に好ましくないものとなっている。アンケート調査結果としては，これも1つの事実ではあろうが，客観的で冷静な判断の表れであるとは到底思えず，相当バイアスがかかっているものと思われる。

## 4 個別の会計基準に関する投資家の見解

　本「会計基準アンケート」調査では，個別の会計基準についての投資家の見解についても問うている。なお，質問事項は，当時のIFRSをめぐる議論の動向を踏まえた上でのものであることには留意が必要である。

Q6（1）純利益とリサイクリング

　今後，包括利益が明示的に開示される中で，純利益として望ましいのは次のうちどれですか。

| | |
|---|---|
| A　営業利益で事業からのキャッシュ・フロー，包括利益で資産価値変動リスクを反映した当期の業績が見られるので，中間にある純利益は資産価値変動前のボトムラインとして当期に実現した利益とすべきである（リサイクリングを行う）。 | 53.9% |
| B　持続的な業績のボトムラインとして純利益に現在の経常利益的な性格を持たすべきであり，持ち合い株の売却損益や年金の数理計算上の差異等は含めるべきでない（リサイクリングは行わない）。 | 40.3% |
| C　その他 | 5.8% |

Q6（2）少数株主持分（非支配持分）の取扱い

　IFRSや米国基準では，純利益や包括利益に，少数株主持分に帰属する部分も含む総額が表示され，親会社株主に帰属する部分と少数株主に帰属する部分が内訳表示されることとなっています。こうした考え方について，どのように思いますか。

| | |
|---|---|
| A　投資家が必要な情報は親会社株主に帰属する部分であるから，その部分のみを純利益や包括利益として表示すべきである。 | 30.3% |
| B　資産や負債，売上高や営業利益などの指標は，すべて，少数株主に帰属する部分も含んだ金額で表示されているのだから，純利益や包括利益も国際的な会計基準のように，内訳表示をした上で少数株主に帰属する部分も含めた総額を表示すべきである。 | 63.9% |
| C　その他 | 5.8% |

## 第2章 利用者から見たIFRS

Q6(3) リース会計

IASBはファイナンス・リースとオペレーティング・リースの区分をなくし，全てのリースをオン・バランス化する提案をしています。この提案について，どのように思いますか。

| A ファイナンス・リースとオペレーティング・リースでは性格が違うので，両者を区別する現行の処理が妥当である。 | 39.4% |
|---|---|
| B リース形態がどうであろうと，事業に用いられる資産という点は共通しているのでIASB案のように共にオンバランスとすべきである。 | 55.1% |
| C その他 | 5.5% |

Q6(4) のれんの償却

IFRSや米国基準では，「のれん」は一律な償却対象とはせず，減損が生じた場合にのみ処理を行います（非償却減損テスト法）。これに対し，わが国では「のれん」をその効果が及ぶ期間に一律に償却することが義務付けられています（減損が生じた場合も処理を行う）。この点についてどう考えますか。

| A わが国基準を支持する。「のれん」は時とともに減価するので，一律償却が合理的である。 | 44.6% |
|---|---|
| B 非償却減損テスト法を支持する。「のれん」は一律に減価するとは限らず，非償却減損テスト法には，企業業績を国際的な基準に則して判断できるというメリットもあるため。 | 49.3% |
| C その他 | 6.1% |

## Q6(5) 開発費の資産計上

IFRSでは，開発費を研究費と区分し，支出時に即時費用認識せず，資産計上した後に償却する手続きを取っています。一方で，我が国の会計基準や米国基準では，開発費は，研究費と同様，支出時に即時費用認識しています。IFRSと日本や米国基準のどちらを支持しますか？

| | |
|---|---|
| A　開発費は研究費とは異なりその後の製品販売に対応するコストと考えることができるため，IFRSのように，支出時は資産計上した後に，償却すべきである。 | 30.1% |
| B　開発費と研究費の区分が難しいこと，償却の年数や償却開始時期の特定が難しいこと，などから，日本や米国の基準と同様に，支出時に即時費用認識すべきである。 | 63.9% |
| C　その他 | 5.9% |

## Q6(6) 金融資産の評価

IASBは売買目的でない債券やローンの一部に償却原価法を適用することを認めていますが，FASBはこれらの商品も時価評価することを求めています（OCI（その他包括利益）に計上，実現時にリサイクリングする）。IASB案とFASB案のどちらを支持しますか。

| | |
|---|---|
| A　金融資産の保有目的を勘案したIASB案を支持する。 | 63.5% |
| B　全ての金融商品を時価評価するFASB案を支持する。 | 32.3% |
| C　その他 | 4.2% |

Q6 (7) 持ち合い株式の評価

IASB は持ち合い株式は OCI で時価評価することを提案しています（売却時にリサイクリングはしない）。FASBは全ての株式を時価評価し，評価損益を P/L で認識することを提案しています。IASB 案と FASB 案のどちらを支持しますか。

| | | |
|---|---|---|
| A | 戦略的な理由で保有する持ち合い株を P/L で時価評価すると当期利益の振れが大きくなるので IASB 案を支持する。 | 38.3% |
| B | 基本的に IASB 案を支持するが，リサイクリング（売却損益は P/L で認識する）は行うべきである。 | 37.2% |
| C | FASB 案を支持する。 | 19.9% |
| D | その他 | 4.6% |

Q6 (8) キャッシュフロー表・・・その 1

現在，ほとんどの日本企業は間接法キャッシュフロー表（以下，CF 表）を開示していますが，IASB，FASB は直接法 CF 表の開示を強制する提案を行っています。直接法 CF 表は顧客や仕入れ先との現金の流れが把握しやすいというメリットがありますが，コストがかかるとして企業からは強制開示に強い反発もあります。また，ユーザーの中にも運転資本の増減が把握しやすく，伝統的な財務分析に適しているとして間接法 CF 表を支持する人もいます。仮に，直接法，間接法，どちらかの CF 表しか開示されないとした場合，どちらが良いと思いますか。

| | | |
|---|---|---|
| A | 直接法 CF 表 | 35.5% |
| B | 間接法 CF 表 | 37.1% |
| C | どちらとも言えない。 | 27.4% |

Q6 ⑼ キャッシュフロー表・・・その2

　IASB，FASB は直接法 CF 表を本表とする一方で，注記の中で間接法 CF 表の開示を求めているので，直接法，間接法，ともに利用できることになります。これは財務報告の改善だと思いますか。

| A　大幅な改善だと思う。 | 21.9% |
| --- | --- |
| B　小幅な改善だと思う。 | 41.7% |
| C　改善とは思わない。 | 28.7% |
| D　その他 | 7.7% |

Q6 ⑽ 性質別費用

　通常，P/L においては機能別費用（例えば，製造原価や販管費）が開示されますが，IASB はこれに加えて性質別費用（例えば人件費や広告宣伝費）を注記することを提案しています。性質別費用の開示は財務報告の改善だと思いますか。

| A　大幅な改善だと思う。 | 44.8% |
| --- | --- |
| B　小幅な改善だと思う。 | 43.8% |
| C　改善とは思わない。 | 7.5% |
| D　その他 | 3.9% |

# 5　結びに代えて

　利用者のニーズを満たす財務報告基準を開発する際には，利用者といっても現在株主以外は，財務情報（会計情報）の作成コストの負担者ではないので，利用者の意向を反映しようとするあまり，財務報告基準が情報過

多となることのないよう，コスト・ベネフィットに十分配慮する必要がある。また，ディスクロージャー制度における当事者を想定する場合，一般的には，利用者（投資家やアナリスト）という括りを用いることに違和感はないものの[9]，IFRS をめぐる諸問題を議論する場合には，利用者（投資家やアナリスト）の中味を丁寧に区分けした上で，きめ細かな議論を展開する必要がある[10]。特にアンケートやインタビューを実施する場合には，回答者の属性を明確化することはきわめて重要なプロセスである。

そもそも学術調査目的のアンケートの回答数や回収率がきわめて低調であることは，一般的な傾向ともいえるが，今般取り上げた日本証券アナリスト協会のアンケート調査においても，一般に支持の声は，不支持の声ほどにはあえて表明しようとするインセンティブは強く働かないとはいえ，その回答率は，調査の有効性や一般性が危惧されるほど低いものであった。その意味では，意見発信に際して，会員のコンセンサスを重視する同協会として，今後，どのような形で会員全体の意見を吸い上げ，意見発信に反映させるかということは，大きな課題となろう。

もっとも，こうした点は，学術調査目的のアンケートにも共通する課題であり，記名式の回答を求めるべきか否かなど，回答率への影響と，後日，結果を回答者にフィードバックし，2次調査等による追加的な質問の機会を確保し，深度ある議論を通じてさらなる精緻化を図ることとの兼合いで，常に葛藤するところである。アンケートやインタビューにおいて，適切な質問事項や条件づけ，さらには，選択肢を設定することや適切な調査対象者を選択することも重要であり，質問の意味を正しく理解できるか，意図した回答に誘導するような文章が含まれていないかなど，アンケートの文章の条件づけなどについても慎重に検討すべきである。なお，第9章におけるわれわれのアンケート調査は，こうした留意点を十分踏まえた上で，わが国の IFRS をめぐる議論の現状と課題を明らかにすべく実施したもの

である。

　わが国の進むべき道を正しく見極めるためにも，グローバル資本市場の環境変化に適時，適切に対応しつつ，ディスクロージャーの本来の受益者である利用者（投資家やアナリスト）の声を正確に把握した上で，それをディスクロージャーの各当事者が真摯に受け止め，利用者（顧客）志向の財務報告基準のあり方を探求していくことが，今まさに求められているといえよう。

### 注

1) http://www.fsa.go.jp/singi/singi_kigyou/siryou/soukai/20110825/02.pdf
2) 掲げられている11項目は，以下のとおりである。
   ○ 我が国の会計基準・開示制度全体のあり方
   ○ 諸外国の情勢・外交方針と国際要請の分析
   ○ 経済活動に資する会計のあり方
   ○ 原則主義のもたらす影響
   ○ 規制環境（産業規制，公共調達規則），契約環境等への影響
   ○ 非上場企業・中小企業への影響，対応のあり方
   ○ 投資家と企業とのコミュニケーション
   ○ 監査法人における対応
   ○ 任意適用の検証
   ○ 国内会計基準設定主体（ASBJ）のあり方
   ○ 国際会計基準設定主体（IASB）のガバナンス
3) http://www.fsa.go.jp/common/about/research/20120614.html，57頁。
4) http://www.fsa.go.jp/singi/singi_kigyou/siryou/soukai/20120417/01.pdf
5) 企業会計審議会総会・企画調整部会合同会議（2012年4月17日開催）議事録（http://www.fsa.go.jp/singi/singi_kigyou/gijiroku/soukai/20120417.html）を参照されたい。
6) 検定会員の主な業務は，リサーチ・アナリスト（企業・産業調査），エコノミスト（経済分析），ストラテジスト（投資戦略），クオンツ・アナリスト（計量分析），クレジット・アナリスト（企業の信用度），ファンド・マネジャー（投資運用），ベンチャー・キャピ

タリスト(企業育成),インベストメント・バンカー(企業金融),事業会社のIR担当者,財務担当者,コンサルタント,公認会計士などである。
7) 本「会計基準アンケート」調査の集計結果については,(https://www.saa.or.jp/account/account/pdf/enq_result100730.pdf)を参照されたい。本アンケートの目的は「会員の企業会計についての考え方・問題意識を正確に把握し,わが国の企業会計基準委員会(ASBJ)や国際会計基準審議会(IASB)など会計基準設定者が発出する公開草案などについての意見書に,これを的確に反映し,財務情報の利用者にとって利便性の高い会計基準の設定に資するため」とされている。なお,本アンケート集計結果のポイントは以下のようにまとめられている(https://www.saa.or.jp/account/account/pdf/pressrelease100730.pdf)。
  ・会計基準とディスクロージャーの改善を強く実感
  ・国際会計基準(IFRS)の採用に積極的
  ・連結財務諸表と個別財務諸表に同一の会計基準を求める
  ・意見の分かれた個別財務諸表開示の簡素化
  ・包括利益と1株当たり当期包括利益の重視度はまだ低い
  ・性質別費用の開示を高く評価
  ・リース会計のオン・バランス化を支持
  ・開発費の資産計上には反対
  ・売買目的でない債券やローンの償却原価法の適用を支持
  ・その他包括利益(OCI)での持ち合い株式の時価評価を支持
8) 同上。
9) 財務報告基準を開発するにあたっては,一定以上の分析能力を持った投資家を想定することが一般的である。
10) 本章で取り上げた(社)日本証券アナリスト協会のアンケートにおいても,担当職務による意見を相違を見るため,各質問について,財務諸表の『ユーザー』と『作成者』に分けた集計結果も示されている。ここに『ユーザー』の母集団は担当職務を「アナリスト」「ポートフォリオ(ファンド)マネジャー」「エコノミスト・ストラティジスト・クオンツアナリスト」「その他証券投資関係」「企業融資」と回答した197名であり,『作成者』の母集団は「事業会社IR・財務・経理」と回答した58名であり,『全回答者』には『ユーザー』と『作成者』以外の435人が含まれている(計690名)。

### 参考文献

Suzuki Tomo (2012) オックスフォード・レポート：日本の経済社会に対するIFRSの影響に関する調査研究 (The Impact of IFRS on Wider Stakeholders of Socio-Economy in Japan) 金融庁提出ポリシー・ディスカッション・ペーパー；初度提出：2012年3月30日 (Policy Discussion Paper; Submitted to Financial Services Agency, the Government of Japan; 30th March, 2012; Tokyo.)。(http://www.fsa.go.jp/common/about/research/20120614.html; 閲覧日 2013年3月30日)。

(社)日本証券アナリスト協会 (2010)「「会計基準アンケート」調査の集計結果」2010年7月30日 (https://www.saa.or.jp/account/account/pdf/enq_result100730.pdf；閲覧日 2013年3月30日)。

# 第3章
## IFRSの導入に係る会計制度上の考察

## 1 はじめに

　国際財務報告基準 (International Financial Reporting Standards：IFRS) のわが国への導入に関する議論が続いているが，すでに IFRS を採用している国々では様々なアプローチがとられている。わが国は，連結財務諸表の開示に関する歴史的経緯から，米国証券市場に上場している企業は米国会計基準に基づく連結財務諸表を開示することが認められてきた (SEC 基準特例)。これに加え，2010 年からは，一定の企業に IFRS に基づき連結財務諸表を作成することが許容された (IFRS 特例)。このように，わが国の会計基準以外の基準による財務諸表等の開示が許容されており，現在，日本基準，米国基準および IFRS の 3 種類の連結財務諸表が開示されている。

　このような最近の動向からみると，IFRS 特例は，SEC 基準特例の拡張のようにみえる。このため，わが国固有の会計基準のほか，米国基準および IFRS が並立している中で IFRS に特化していくことは会計制度上容易であるとも解される。しかし，SEC 基準特例と IFRS 特例はわが国の会計基準に準拠しないという点は同じであるものの，会計制度上の規範性の付与という面ではその位置づけは必ずしも同様ではない。他方，IFRS への対応に係るアプローチとして，アドプション，コンバージェンス，エンドースメント，コンドースメントといった用語が様々な文脈で使われているが，これらの意味するところは必ずしも整理されておらず，IFRS をわが国の会計制度に導入していく方法については様々な観点から検討が必要となる。

　本章では，会計制度上の規範性の付与の観点から，SEC 基準特例および IFRS 特例の創設経緯や制度上の相違点を明らかにした上で，IFRS へ

の対応に係るアプローチを整理し，会計制度上からは何らかのエンドースメントが必要となるが，これとアドプションとは必ずしも相反する概念ではないこと，さらにアドプションおよびコンバージェンスといったアプローチをとる際の課題について考察する。

## 2 会計基準に対する規範性の付与

　IFRS導入に関するアプローチに関する議論の中でエンドースメントの要否あるいは適否についても様々な議論がある。そもそも，およそ法治国家であれば何らかの規制を設けるには法律の定めをもってすることが基本であり，財務諸表の作成方法についても特定の方法に従うことを義務づけるならば，その旨を法定することが必要となる。金融商品取引法でいえば第193条の財務書類の作成方法に関する規定がこれに相当する。このようないわば広い意味での法律による会計制度の確立は必要である。しかし，財務書類の作成方法をすべて法令に規定することは困難であるため，会計処理の方法等については大幅に会計基準に委ねられている。そこで，ある会計基準が会計制度上の財務諸表の作成において準拠すべき規範性を有するかどうかは，会計監査における判断基準ともなりきわめて重要な事柄である。したがって，会計基準に規範性を付与する手続という意味でのエンドースメント（承認）手続が問題となる。

　金融商品取引法に基づく財務諸表等の作成に関する諸規則においては，「この規則において定めのない事項については，一般に公正妥当と認められる企業会計の基準に従うものとする」との規定が置かれている。かつては，何が一般に公正妥当と認められる企業会計の基準にあたるのかが明確でなく解釈に委ねられていたが，現在では，金融商品取引法上は企

業会計審議会の公表した会計基準と，企業会計基準委員会（Accounting Standards Board of Japan：ASBJ）の公表した会計基準はこれにあたることが明定されている。ただし，ASBJ の公表した会計基準については金融庁長官が定める告示手続を経て一般に公正妥当と認められる企業会計の基準として認められることとされている。この点，企業会計審議会の公表した会計基準には告示などの手続が規定されていないことから，ASBJ が公表する会計基準もエンドースメント手続は設けるべきではないとの議論もある。

　企業会計審議会は金融庁組織令によって企業会計に関する事項を所管する金融庁の内部機関であるため，企業会計審議会の審議・公表プロセス自体がエンドースメント手続といえよう。一方，ASBJ は民間団体であって，その決定が直接的に法規範性を有するものとすることが可能かどうか，実態として企業会計審議会以外の会計基準設定団体としては ASBJ しかないものの，法令の文言上は ASBJ に限られないことといった問題があるため，エンドースメント手続が置かれていると考えられる。また，エンドースメント手続はカーブアウトの可能性を残すものであるともみえるが，わが国の会計規範は我が国の法令によって改正できるので，仮に，個々の会計基準ごとにエンドースメント手続を置かなくとも，手続上の煩雑性はあるが，ASBJ の公表した会計基準からカーブアウトすることは可能である[1]。ただ，ここで指摘しておきたいことは，会計基準そのものの是非はともかくとして，法令に基づき開示される財務諸表に関する行政上の責任は各国にあり，少なくとも広義のエンドースメント手続は必要となることと，カーブアウトするかどうかの判断は本質的にはエンドースメント手続の有無とは関わらないという点である。

## 3 わが国の会計基準以外による財務諸表等に関する特例措置

### 1．SEC 基準特例の創設経緯とその概要

　わが国では，1975年に企業会計審議会から連結財務諸表を証券取引法上開示することを提言する意見書[2]が大蔵大臣に答申され，1977年4月1日以後開始事業年度から，証券取引法に基づき連結財務諸表が開示されることとなった。当時，すでに米国において米国預託証券（American Depositary Receipts：ADR）の発行やニューヨーク証券取引所への上場により，米国において米国の会計基準に基づき連結財務諸表を作成・公表している日本企業が存在していた。このため，わが国の連結財務諸表の作成基準と米国の会計基準との異なる基準により2つの連結財務諸表を作成することの要否が問題となった。

　この点について，上記意見書では，連結財務諸表制度の運用として「ADR等の発行会社では，米国証券取引委員会等の要請により，すでに連結財務諸表を作成して開示しているものもある。これらの連結財務諸表は，従来から投資情報としての有効な機能を発揮してきている経緯にかんがみ，その作成基準が連結財務諸表原則に定めるものと相違していても，証券取引法によって提出される連結財務諸表として認めても差支えないものとする。」と記されている。これは，米国では，連結財務諸表の開示がわが国よりも遥かに先行しており，会計基準および会計実務も整備されていること，開示企業は米国基準による連結財務諸表によって市場からの評価を受けていることなどから，米国基準による連結財務諸表のみをわが国で開示することを許容する方針が示されたものである。

　この答申に基づき制定された「連結財務諸表の用語，様式及び作成方法に関する規則」[3]（連結財務諸表規則）の附則第3項において，「この省令

の施行の日前から継続して，米国預託証券の発行等に関して要請されている用語，様式及び作成方法により連結財務諸表を作成し，かつ，これを開示している連結財務諸表提出会社が，法の規定により提出する連結財務諸表については，当分の間，大蔵大臣が適当と認める場合に限り，当該用語，様式及び作成方法によることができる。」との規定を置き，上記の意見書の方針が法令上も明確にされた。

この SEC 基準特例は，連結財務諸表を有価証券報告書の添付書類から本体の記載事項に組み入れることに合わせ，同一会社の単体財務諸表と連結財務諸表が異なる基準で作成されることを避けるため，一旦は，1995年4月1日以後開始する連結会計年度までの猶予期間を置き廃止することとされたが[4]，この廃止期限は逐次延長されることとなる。

一方，SEC 基準特例創設後に米国証券市場に上場する日本企業が増加していたが，これらの企業にはこの特例は適用されないことから二重開示となっていたことや，国際会計基準（International Accounting Standards：IAS）の位置づけが重要性を増しつつあることなどを背景として，㈶企業財務制度研究会において国際的会計基準により作成した財務諸表をわが国の会計基準からみた場合どのような調整が必要かについて検討され，国際的基準による財務諸表の開示に関する研究委員会報告（COFRI 研究会報告）が公表された[5]。この研究会報告も踏まえ，2002年の連結財務諸表規則の改正により，米国証券取引委員会に登録しているわが国企業を対象として，連結財務諸表規則の本則に米国式連結財務諸表を許容する規定が新設された[6]。

## 2．IFRS 特例の創設経緯とその概要

2002年の国際会計基準審議会（International Accounting Standards Board：IASB）と米国財務会計基準審議会（Financial Accouting

Standards Board：FASB）とのノーウォーク合意，2005年のASBJとIASBの東京合意，2005年からのEU域内上場企業へのIFRS義務づけなどの動きを受け，IFRSに対するわが国の対応に関して企業会計審議会企画調整部会で審議が行われ，2009年6月に中間報告が公表された[7]。この中間報告においては，わが国企業のIFRS採用に係る種々の検討項目があげられているが，その中で，2010年3月期から，国際的な財務・事業活動を行っている企業にはIFRSの任意適用を認めることが適当である旨の提言がなされた。この提言を踏まえ，2009年11月に連結財務諸表規則などが改正され，一定の範囲のわが国企業（特定会社）についてIFRSに基づく連結財務諸表等の作成ができることとされた。

連結財務諸表規則第93条では，特定会社の連結財務諸表の用語，様式および作成方法は国際会計基準に従うことができるとの表現をとっている。この国際会計基準については，「公正かつ適正な手続の下に作成及び公表が行われたものと認められ，公正妥当な企業会計の基準として認められることが見込まれるものとして金融庁長官が定めるものに限る」と規定されている。この規定により金融庁長官が定めたものを指定国際会計基準と表現しており，連結財務諸表規則上の国際会計基準が即IFRS全体を指すとは規定していない。

この中間報告において，「基本的にはIASBが作成したIFRSをそのまま適用する」とされていることと連結財務諸表規則に基づき指定国際会計基準を告示する手続きとの関係については，「今後の基準改訂に対応するため，…金融商品取引法第193条の趣旨に照らし，国際会計基準を設定する団体に求められる要件を定め，実際に適用される国際会計基準を，「指定国際会計基準」として金融庁告示において定めることとしている」と説明されている[8]。金融商品取引法第193条では，「内閣総理大臣が一般に公正妥当であると認められるところに従って内閣府令で定める用語，様式

及び作成方法により」と規定されている。すなわち，財務書類の作成方法について内閣府令に委任するにあたって，「一般に公正妥当であると認められるところに従って」定めるという制約要件が置かれており，これを踏まえ，一定の判断基準に基づく告示手続を経ることによって法規定上の制約要件を満たすことを担保するものと考えられる。このような意味において，IFRS特例にはエンドースメント手続が設けられているとみることができる。

## 4　SEC基準特例とIFRS特例の制度上の相違

### 1．SEC基準特例の会計制度上の位置づけ

　SEC基準特例の適用を受けて提出される連結財務諸表も，わが国の金融商品取引法に基づき開示される財務書類であり，わが国の公認会計士または監査法人の監査を受けるものである。しかしながら，SEC基準特例については，連結財務諸表規則において「米国預託証券の発行等に関して要請されている用語，様式及び作成方法により作成した連結財務諸表」という表現を用いており，米国会計基準に準拠して作成するという表現は用いていない。このように，この特例は，創設の趣旨からも，米国の証券諸法令の適用を受けてSECにADR等を登録した日本企業が，米国で開示するために米国式連結財務諸表を作成していることを前提とした規定である。

　しかし，SEC基準特例創設時には米国証券法に基づきSECに登録していたわが国の会社で，その後米国市場から撤退してもこの特例の適用を受けて米国式連結財務諸表を提出しているケースがあり，この特例の適用対象が曖昧になってきた。一方，新たにニューヨーク市場に上場し米国証券法に基づいてSECに登録を行った企業もあるため，改めて，米国式連結

財務諸表をわが国で開示することが許容される根拠を明らかにすることが必要となった。

この点，COFRI 研究会報告では，国際的会計基準に基づいて作成された連結財務諸表であってもわが国の法令に基づいて開示されるのであるから，その適否はわが国の規制当局ないし司法当局が判断することになるが，例えば，米国基準であれば SEC や FASB の判断を実質的に尊重していかざるを得ないとしている[9]。特に，会計基準の解釈については，第一義的には，その設定組織や法的責任部局の判断が基礎となるため，米国の会計基準を用いる会社は米国規制当局の監視下にあることを前提とすることが実際的である。このような考え方から，前述の 2002 年の連結財務諸表規則改正においては，特例の適用対象は SEC 登録会社に限ることとし，SEC に提出した「当該米国式連結財務諸表」を我が国でも提出することができると規定することで，米国で開示している連結財務諸表そのものを日本でも開示すること（ただし日本語）が明確にされたものである[10]。

このように，SEC 基準特例は，米国式連結財務諸表による開示を認めているもので，米国会計基準そのものをわが国における一般に公正妥当と認められる企業会計の基準の 1 つと位置づけようとしたものではない。実質的に米国会計基準は国際的に通用する最も信頼性の高い会計基準であることを認めていることが前提といえるが，形式上は，会計基準自体の可否を表に出さず，できあがった米国式連結財務諸表の開示を認める形となっている。このため，米国会計基準がわが国における一般に公正妥当と認められる企業会計の基準といえるか否かについて，すなわち会計基準としての規範性を付与するかどうかの判断手続を置く必要はないこととなる。

## 2．IFRS 特例の会計制度上の位置づけ

IFRS 特例は，特定会社が提出する連結財務諸表の用語，様式および作

成方法は「国際会計基準に従うことができる。」と規定している。すなわち，IFRSという会計基準自体への準拠を規定したものであると理解される。SEC基準特例も米国会計基準をまるごと認めているかのようにみえることから，この延長線上にIFRS特例も創設されたかのようにみえる。しかし，SEC基準特例は，繰り返すようだが，米国の法令に基づき米国の規制当局の関与の下で開示された連結財務諸表の開示を認めるとの考え方を基本としているものである[11]。仮に米国会計基準をわが国における一般に公正妥当と認められる会計基準と位置づければ，一般的に（誰でも）米国会計基準に準拠して財務諸表を作成することができることとなる。このような誤解を避ける意味からも，上述の如く，米国で法定開示をしなくなったわが国企業についてSEC基準特例の適用を見直す必要が生じたと理解される。

　すなわち，会計基準がわが国の機関により設定されたものか外国の機関により設定されたものかではなく，それがわが国の法令上一般に公正妥当と認められる企業会計の基準として認められているか否かという観点がポイントとなる。したがって，IFRS特例は基本的にSEC基準特例とは制度上の位置づけが相違するといえる。

　そこで，IFRSはわが国の会計基準との関係においてどのように位置づけられるのかが問題となる。連結財務諸表規則では，ASBJの公表した会計基準はわが国における一般に公正妥当と認められる会計基準に含まれることが明らかにされていることに対し，IFRSは（解釈上の余地はあろうが）同様には位置づけられていない。しかし，「国際的会計基準の国内での使用を認めることは，法的には内閣総理大臣がこれを公正妥当なものと認めることを意味し，連結財務諸表規則に何らかの法的手当てを行うことが必要となる」[12]と解されており，前述のとおり，連結財務諸表規則にIFRS特例として第7章の規定が置かれている。適用範囲等の問題や国内基準と

の関係の整理ならびに今後のIFRS導入方法の検討といった未確定事項があるため,国内基準と同様の規定はできないものの,含意としてはIFRSはわが国における一般に公正妥当な会計基準と位置づけられることを踏まえた規定と解される。

また,SEC基準特例には「金融庁長官が必要と認めて指示した事項を除き」との規定があり,この規定に基づき,米国式連結財務諸表には記載がないが連結財務諸表規則やわが国の会計基準で要請される注記事項などの記載を指示することができ,かつてセグメント情報などについてわが国の基準に基づく追加記載が求められた場合があった[13]。しかし,前述のとおり,米国式連結財務諸表の作成基準である米国会計基準についての制約事項はない。IFRS特例にはこういった追加指示規定が置かれていないので,基本的にはIFRSに基づく連結財務諸表となる。ただし,仮に,IFRSのうち何らかの会計基準が指定国際会計基準として定められなかった場合には,IFRSを包括的に一般に公正妥当と認められる会計基準として位置づけることはできないこととなろう。

## 5 IFRS導入へのアプローチ方法とその意味

### 1. IFRSの導入へのアプローチ方法

IFRSを各国が導入していくための方法には,一般に,コンバージェンスとアドプションという2つのアプローチが示されている。この2つのアプローチの意味については,「コンバージェンスとは,狭義では2つの会計基準(例えば,IFRSと日本基準)の主要な差異を縮小・解消することによって,その内容の同等性を高め,共通化・統一化することをいい(略),アドプションとは自国基準を撤廃し,IFRSを直接,自国基準として導入

することをいう」[14]と説明されている。

　米国証券取引委員会（Securities and Exchange Commission：SEC）が2011年5月に公表したスタッフペーパー[15]においては，各国がとっているIFRS導入のアプローチを(a)IASBの公表したIFRSの完全利用と，(b)国（複数国）による何らかの導入プロセスを経ての利用とに分類している。この(a)をいわゆるフルアドプションというが，これは(b)との対比においてみれば，何ら導入プロセスを経ずに－それゆえ－IFRSに何らの手を加えることなくそのまま利用することになることを意味している。他方，(b)は導入プロセスを設けるゆえにIFRSをそのまま利用することも何らかローカル化することもあり得るとしているが，IFRSを国内に導入する際には，コンバージェンスによる国とエンドースメント手続による国があるとしている。

　これに加え，SECは，2010年12月の米国公認会計士協会（American Institute of Certified Public Accountants：AICPA）の全国大会で明らかにし，上記のSECスタッフペーパーにおいても記述されたコンドースメント・アプローチという方法を提言している。この提言はSECの公式見解ではなく，あくまで，スタッフの見解としてIFRS導入の方法の1つを示したものと位置づけている。

　このコンドースメントという用語はコンバージェンスとエンドースメントの合成造語である。このアプローチにはそれぞれのアプローチの要素を取り入れており，両者の関係性は必ずしも明確でないが，エンドースメントの面で，米国の会計基準設定機関であるFASBの役割を再構築し，FASBがIFRSの開発に参加してIASBへの影響力を行使していくとともに，米国におけるIFRS適用に際して必要な補足や解釈指針を策定することがあげられている。また，過渡的な期間においては，コンバージェンスの面で米国基準とIFRSとを収斂させていき，最終的にはIFRSを米

国基準に組み込んでいくことがあげられており，総合的にみれば，FASBを存続させて，IASB に影響力を行使して米国の受け入れられる IFRS が開発された場合にはこれを米国基準として組み入れ，IFRS が開発されていない部分やそのまま組み入れられない事項には，国内基準としての対応を図っていくとの趣旨と考えられる。その結果として，SEC スタッフペーパーにいう米国風の IFRS（U.S. "flavor" of IFRS）ができることで，米国基準としての IFRS が国際基準となることを目指していると思われる。こう考えると，IASB が IFRS を作成する段階で米国との調整が行われるのであるから，これを他国がカーブアウトしたならば米国は受け入れないということになるのではないかと考えられる。米国が外国会社に対して，原則として現在，欧州連合（European Union：EU）は例外的取扱いをしているが)，IASB の公表した IFRS（カーブアウトしていない）のみを許容するとしていることとも符合するかもしれない。

## 2．各アプローチの関係

それぞれのアプローチの関係については，「全面適用のアドプションと，EU やオーストラリアなどが進めているエンドースメント（承認），中国やインドなどのコンバージェンス（収れん）の 3 つ」[16]と分類される。これに，コンドースメントを加えて 4 つのアプローチが並立しているかのようにみえる。ただ，これらの分類は，議論の脈絡に応じて様々に論じられている。コンバージェンスとアドプションを相対するアプローチのように位置づけた分類もあるが，前述のようにコンバージェンスを含む導入プロセスの有無という観点からの分類もできる。そこでこれを改めて，導入プロセスの要否という観点からみて次のように分類する。

（1）何ら導入プロセスを設けない
（2）IFRS の利用を前提としての導入プロセスとしてエンドースメント

手続を設ける

①IFRSを全面適用

②IFRSの一部を採用しないまたはカーブアウトする可能性を有す

(3) コンバージェンスにより国内基準にIFRSを導入する

上記(1)のように何ら導入プロセスを設けない場合には，必然的にIFRSをそのまま採用することになるが，事実上このような国はないといわれる。韓国はいわゆるフルアドプションを採用しているといわれるが，何らの法令上の根拠も置かずにIFRSが自然に強制されることはない。結局は，エンドースメント手続の程度（法規範性のレベル）に差があっても，IFRSを採用するには(2)の方法となる。したがって，フルアドプションといっても，実際は(2)①をいい，IFRSを採用する際に何らかの制約を課している場合が(2)②となる。通常は，エンドースメント・アプローチというと，IFRSの採用に何らかのオプションを有しているという意味で，(2)②を指す言葉として用いられている場合が多いが，エンドースメント手続があることとフルアドプションとは本来は次元の異なる事柄である。したがって，IFRSを1つの会計基準としては受け入れるか国内基準の内容で対応するのかという観点では，アドプションとコンバージェンス・アプローチが対立する概念となる。

これまでコンバージェンス・アプローチは，IFRSをアドプションせずに国内基準の内容をIFRSと調整していくということを意味していた。しかし，前記SECスタッフペーパーによれば，国内基準を残しつつIFRSを取り入れていくことも一種のIFRS導入のプロセスであり，その結果として米国の会計基準の内容がIFRSと同じになれば，それはIFRSといえると考えているように思える。

なお，本来，コンバージェンスとは国内基準を一方的にIFRSに合わせることではなく，両者が協力して1つの基準に収斂させることである。仮

に，会計基準としては国内基準という位置づけを維持しつつ，その内容は一方的にIFRSに合わせる方法も1つの選択肢とすれば，これをフルコンバージェンスとでも分類できるかもしれない。

このように会計基準の内容がIFRSと同等か，あるいはそれをIFRSということができるかという観点からみれば，アドプションかコンバージェンスかという相違によらず，会計基準の中身としてフルアドプションなのかカーブアウトもしくはローカル化を含むアドプションなのかが対立する概念となろう。

## 6　IFRSの導入方法と課題

### 1．アドプションにおける課題

わが国においてIFRSを導入する方法により会計制度上の位置づけは異なることになろう。上述のとおり，フルアドプションも含め，これをわが国における一般に公正妥当と認められる会計基準であることを法令上明確にするための何らかのエンドースメントが必要となる。

実際に特定の会計基準を会計制度上採用することは，その国における開示行政上の権限行使や責任と結びつくことはCOFRI研究会報告書でもすでに指摘されており，また，現在IFRSを採用しているといわれる国でも厳密にはフルアドプションとはなっておらず，何らかのエンドースメント手続を置いたアドプションという方法をとっていると指摘されている[17]。

当然ながら，わが国の企業はまず国内法によって企業情報を開示することが前提となるので，SEC基準特例のような方法でのアドプションはとれない。一方，現行のIFRS特例は選択的にIFRSによることができるとしているが，一般に公正妥当と認められる会計基準はわが国固有の基準が

まずありきという前提の上での選択肢となっている。したがって，現状であれば，必ずしもIFRS全体が明示的に一般に公正妥当と認められる会計基準と規定しなくてもよい。他方，すべての上場会社にIFRSのみを適用しようとする場合，フルアドプションであればIFRS自体をわが国における一般に公正妥当と認められる会計基準として位置づけることとなろうが，その際には，わが国固有の会計基準との関係も整理することが求められることとなる。

　この関係としては，会社法は金融商品取引法適用会社に限らずすべての会社に適用されることから，会社法においてもわが国固有の会計基準とIFRSとが並列的にわが国における一般に公正妥当と認められる会計基準という位置づけとなるのか，会社法と金融商品取引法では一般に公正妥当と認められる会計基準は異なると位置づけられるのかという問題が生じる。このため，金融商品取引法適用会社については，いわゆる連結財務諸表の作成基準と個別財務諸表の作成基準の分離（連単分離）が1つの選択肢となる。ただし，この連単分離は，金融商品取引法会計と会社法会計との分離を意味するもので，連結財務諸表の単体財務諸表準拠性を否定することではない。例えば，金融商品取引法による連結財務諸表（連結対象会社がない場合は個別財務諸表）はIFRSにより，会社法による計算書類はわが国固有の会計基準によるという整理をしようということである。最近の会社法の議論では，会社法の解釈としてIFRSを公正な会計慣行として採用することは問題ないという意見がある[18]。会社法の公正な会計慣行は，中小企業会計指針や要領も含まれる非常に幅広いものであることから，IFRSを唯一わが国において一般に公正妥当と認められる会計基準として位置づけることはできないが，その1つと位置づけることは可能となり，わが国の会計基準とIFRSが並存することも法令上の問題は生じないこととなる。そうなれば，どのような企業であってもIFRSを利用することが

できることとなる。

　連単分離は，そもそも法人税法の確定決算主義との関係で会社法の計算書類についてIFRSを適用することが難しいという問題をクリアしようとする方法である。しかし，近時，わが国の会計基準との乖離がますます拡大している。例えば，法人税法において，金融機関を除く資本金1億円超の会社には貸倒引当金繰入の損金算入自体が廃止されたが[19]，会社法決算では適切な貸倒引当金を設定していなければ不適正となるから，必ず税務調整が必要となる。このように会社法の個別財務諸表でも法人税法との調整ができないことになれば，連単分離の必要性は乏しくなり，むしろ，確定した決算における損金算入要件の撤廃など，会計と税務は別々のものとして対応を考えていくべきことになろう。

## 2. コンバージェンスにおける課題

　ASBJが行っているわが国の会計基準の開発は，IASBとのいわゆる東京合意以降，コンバージェンスの方向にある。上記のとおり，アドプションにおいて法的なエンドースメントを経ることについては，会計基準の設定主体が直接関与する事柄ではない。米国においても，IASBとの会計基準の中身の議論はFASBが担っているが，IFRSの受入方法に関しては，もちろん会計基準設定機関と監督官庁とは密接な関係を有するものの，前記SECスタッフペーパーのように行政府が担っている。そこで，アドプションとコンバージェンスの関係は，あたかもIFRS受入賛成派と反対派という関係に投影されているようにみえる。

　コンバージェンスはわが国の会計基準を維持することが前提となるが，わが国が前述のいわばフルコンバージェンスという状況になれば，会計基準の中身はIFRSと同じものとなり得ることもあるとすると，コンバージェンスの意味も再検討することが必要となる。

米国は，現実に IFRS を受入れていくために従来からのアプローチを統合したことを，敢えてコンドースメントという造語で表現することでメッセージを発したのではないかと思える。こうした米国の動きは IASB と調整されていると思われ，アドプションとコンバージェンスという概念を従来の対立概念から再構築し，会計基準の中身としては IFRS を取り入れあるいは共同開発するという米国の意思を明確にしたものと理解すべきと考えられる。

　このような理解の下では，今後，アドプションとコンバージェンスは渾然一体となっていく。米国は外国会社に原則としてフルアドプションでの IFRS による財務諸表の開示を認め，カーブアウトは認めない方針である。他方，SEC スタッフペーパーで，IFRS を実際に適用する上での補完的ガイダンスや IFRS の設定されていない分野での会計基準開発を FASB が担い続けることを前提に，米国基準の IFRS 化を視野に入れている。米国はこのような包括的なアプローチによって IFRS を採用することになると考えられる。この包括的アプローチでは，IFRS の実施に必要な措置を置くことや自国の会計基準による補完を行うことは，アドプションの否定とはならないという理解が一般化する可能性がある。この点，わが国においても，「企業の責任に委ねられている部分について，自国の会計基準にあわせて選択肢を排除する形でカーブアウトすることに問題があるとは考えられない」との指摘もある[20]。このような実際上の対応は，カーブアウトではないと考えるが，いずれにせよ，米国の示唆した方向には重要な意味があると考えられる。

　このような方向に向かうとすれば，ASBJ は，IFRS 開発への参加のみならず，その実施上の国内ガイダンスの設定という役割を果たすことを明確していくことが，コンバージェンスにより国内基準を残す上でも重要な課題となるのではないかと考えられる。

## 7 結びに代えて

　これまでみてきたように，わが国はこれまでも国外の会計基準を種々の方法で容認してきたが，その方法は類似点もあるが一様ではなく，特に，わが国における一般に公正妥当と認められる会計基準としての法的位置づけに関しては，なお議論の余地がある。

　IFRSの導入に関しては，コンバージェンスをIFRS導入反対のための道具という誤った位置づけをせずに，アドプションとコンバージェンスの両アプローチを止揚した新たな対応が求められる。本章で述べたとおり，今後，IASBに対して十分な影響力を有するためにも，国内でのコンバージェンス能力が非常に重要となってくることとなる。コンバージェンスの機関やその能力がない国は，IFRSに対しての影響力もなく，実際にその国の企業で適用されるIFRSは他国の基準を受け入れることと等しくなってしまう。それは，SEC基準特例と同様，基準の解釈や監査上の判断，さらには行政監督上の対応まで他国（実際には米国）の規範を受け入れるだけの国際化となってしまうであろう。今後，ASBJが積極的な役割を果たしていくことができるか，また同時に，わが国の監査法人がIFRSの適用に関して自らの責任できちんと判断を示していくことができるかが問われることとなろう。

　上記論考は，青山学院大学総合研究所の2012年研究プロジェクト「財務報告の利用者から見た国際財務報告基準の意義と課題」の助成を受けた研究の成果を，『会計プロフェッション』（青山学院大学大学大学院会計プロフェッション研究科紀要，2012年）に掲載したものに基づいたものであるが，IFRSの導入に関するわが国のその後対応において大きな動きがあっ

たので，以下に若干の論考を加えることとしたい。

　企業会計審議会は，2013年6月に「国際会計基準（IFRS）への対応のあり方に関する当面の方針」を公表し，IFRSの任意適用要件の緩和を提言するとともに[21]。IFRSの適用の方法として，「現行の指定国際会計基準については，一部の基準を指定しないことも可能な枠組みになっているという点では一種のエンドースメントであるといえるが，一部の基準を修正する手続を念頭に置いた規定とはなっておらず，実態的にはピュアなIFRSのアドプションとなっている。また，ピュアなIFRSを適用する意図で既に任意適用している企業が存在することなどを踏まえると，ピュアなIFRSは維持する必要がある。」とした上で，これに加えて，「ピュアなIFRSのほかに，我が国においても，「あるべきIFRS」あるいは「我が国に適したIFRS」といった観点から，個別基準を1つひとつ検討し，必要があれば一部基準を削除または修正して採択するエンドースメントの仕組みを設けることについては，IFRS任意適用企業数の増加を図る中，先般の世界金融危機のような非常時に我が国の事情に即した対応をとる道を残しておくことになるなど，我が国における柔軟な対応を確保する観点から有用であると考えられる。」とし，「具体的なエンドースメントの手続については，まず，会計基準の策定能力を有するASBJにおいて検討を行い，さらに，現行の日本基準と同様に，ASBJが検討した個別基準について，当局が指定する方式を採用することが適当である」という方向を示した。これを受け，2014年7月にASBJから「修正国際基準（公開草案）」が公表された。ただし，修正国際基準はもとよりIFRSではなく，わが国としてのあるべき国際基準を発信することを主要な目的として公表されたものであり，適用を広く促す意図はないとされている[22]。

　このような方向に関して（会計基準の内容については触れないが），本論考の観点から重要な点を指摘しておきたい。まず第一点は，わが国は一

応のエンドースメント手続を経る制度をとっているとの認識が示され，その上でピュアな IFRS を採用していることはアドプションといえることが明確に述べられている点である。これは，第5節2.にあげた区分では(2)①(IFRS の利用を前提としての導入プロセスとしてエンドースメント手続を設けて，IFRS を全面適用)に該当することとなる。したがって，本章で論じていたとおり，エンドースメントとアドプションは対立概念ではないことが実態上も確認できたといえる。

第二点として，「修正国際基準」は，制度上は国内基準でありつつも実質的には IASB へ発信するあるべき IFRS と位置づけられており，これは第5節2.の区分においては(2)②でありながら，国際的にはわが国はあくまで IFRS のカーブアウトはしないという意思表示であり，また国内的にはコンバージェンスを否定するものでもない。まさに，前述した「アドプションとコンバージェンスの両アプローチを止揚した新たな対応」が構築されたといえる。

また，第三点として，IFRS について基準の中味については ASBJ が検討し，その結果に基づき金融庁が制度上の指定を行うというエンドースメント手続が明確にされたことで，ASBJ の対外的役割もより明確にされたことがあげられよう。

2014年6月24日に閣議決定された「日本再興戦略」(改訂)の中で，IFRS の任意適用企業の拡大に努めることが盛り込まれ，株式市場における有力企業が IFRS を採用し始めたことで，今後，わが国における IFRS 採用の機運が高まっていくと考えられる。いずれにせよ，この新たな対応が，IFRS に対する前向きな議論を進めるとともに，わが国の IASB に対する貢献と影響を強めるものとなるようにしていかなければならない。

## 注

1) なお,会計基準は独立した立場で公正に策定することが重要という趣旨も踏まえ ASBJ が設立された経緯から,ASBJ の公表した会計基準が金融庁長官に認められなかったことはなく,法令等によって変更されたこともない。
2) 企業会計審議会（1975）。
3) 昭和 51 年 10 月 30 日大蔵省令第 28 号。
4) 小谷（2010），pp.203-204.
5) 企業財務制度研究会（2001）。
6) 平成 14 年 3 月 26 日内閣府令第 11 号。この府令の附則において従前の SEC 基準特例も延長された。また,新たな SEC 基準特例規定は,IFRS 特例の創設に伴って一旦廃止されたが,猶予期間中に元の規定が復活した。
7) 企業会計審議会企画調整部会（2009）。
8) 平松・谷口（2010），p.175。
9) 企業財務制度研究会（2001），pp.9-10。
10) SEC に登録をしていない会社でも,すでに米国式連結財務諸表を提出している会社には一定の経過期間が置かれた。
11) わが国の金融商品取引法による外国会社の財務書類の作成方法に関する規定（財務諸表等規則第 129 条）の考え方も同様である。基本的には外国会社が本国または他の国で開示している財務書類の適否を判断することを基本とし,当該国の会計基準自体の適否を直接的に判断しない。
12) 企業財務制度研究会（2001），p.9。
13) 企業財務制度研究会（2001），p.15。
14) 橋本・山田（2012），p.6。
15) Securities and Exchang Commission Staff Paper（2011）.
16) 高田橋（2011）。
17) 高田橋（2011）によれば,「IFRS に世界で最も近いといわれているオーストラリアでも,古い自国基準の一部を残したり,AASB（豪州会計基準委員会）による判断で IASB 作成の IFRS の文言を削除したりしています」と述べている。
18) 伊藤ほか（2013），p.28。
19) 「経済社会の構造の変化に対応した税制の構築を図るための所得税法等の一部を改正する法律」（2011 年 12 月 2 日公布）による法人税法の改正。ただし,金銭債権の回収不能見込み額は評価損として許容される余地はある。
20) 佐藤（2013），p.64。
21) 企業会計審議会（平成 26 年 10 月 28 日）の資料によれば,平成 25 年 10 月の連

結財務諸表規則改正により適用可能となる企業数は 621 社から 4,061 社に拡大した。
22) 池田（2014）。

### 参考文献

Securities and Exchang Commission Staff Paper (2011) Work Plan for the Consideration of Incorporating International Financial Reporting Standards into the Financial Reporting System for U.S. Issuers Exploring a Possible Method of Incorporation, Office of The Chief Accountant United States Securities and Exchang Commission , May 26.

池田唯一「「修正国際基準」（公開草案）公表の意義と今後の課題」『週刊経営財務』9 月 29 日。

伊藤邦雄・古賀智敏・吉見宏・西川郁生・野村嘉浩（2013）「会計の将来像」『企業会計』Vol.65 No.1, p.28。

企業会計審議会（1975）「連結財務諸表の制度化に関する意見書」6 月 24 日。

企業会計審議会企画調整部会（2009）「我が国における国際会計基準の取扱いについて（中間報告）」6 月 16 日。

企業財務制度研究会（2001）『我が国企業の国際的基準による財務諸表の開示について』6 月。

高田橋範充（2011）「「コンドースメント」の登場で，米国の IFRS 導入が現実味を帯びてきた」(http://www.nikkei.co.jp/hensei/ifrsnavi/interview/20110713-01p1.html) NIKKEI 特集：IFRS NAVI。

小谷融（2010）『金融商品取引法の開示制度：歴史的変遷と制度趣旨』中央経済社。

佐藤信彦（2013）「会計基準の設定権限と強制力」『企業会計』中央経済社, Vol.65 No.1, p.64。

橋本尚・山田善隆（2013）『IFRS 会計学基本テキスト（第 3 版）』中央経済社。

平松朗・谷口義幸（2010）「IFRS の任意適用に係る連結財務諸表規則等の改正について」『会計・監査ジャーナル』No.656, p.175。

# 第4章

## 会計基準の設定のあり方と適用に関する課題

## 1 はじめに—問題提起

　わが国の場合，国際財務報告基準（International Financial Reporting Standards：IFRS）の適用に関しては，これを指定国際会計基準といった範疇で捉えるとともに，「連結財務諸表の用語，様式及び作成方法に関する規則」（以下，「連結財務諸表規則」）の第7章「企業会計基準の特例」の第93条（会計基準の特例）において，以下のように，その適用に関して規定している。

> 　特定会社[1]が提出する連結財務諸表の用語，様式及び作成方法は，指定国際会計基準（国際会計基準（国際的に共通した企業会計の基準として使用されることを目的とした企業会計の基準についての調査研究及び作成を業として行う団体であつて第1条第3項各号に掲げる要件の全てを満たすものが作成及び公表を行つた企業会計の基準のうち，金融庁長官が定めるものをいう。次条において同じ。）のうち，公正かつ適正な手続の下に作成及び公表が行われたものと認められ，公正妥当な企業会計の基準として認められることが見込まれるものとして金融庁長官が定めるものに限る。同条において同じ。）に従うことができる。

　そもそも会計基準適用の一般原則としては，「連結財務諸表規則」の第1条第2項において，金融庁の企業会計審議会により公表された企業会計の基準だけでなく，以下のとおり，第3項における要件を満たすものについても，これを「一般に公正妥当と認められる企業会計の基準」と規定しているのである。

第4章
会計基準の設定のあり方と適用に関する課題

> 3. 企業会計の基準についての調査研究及び作成を業として行う団体であつて次に掲げる要件のすべてを満たすものが作成及び公表を行つた企業会計の基準のうち，公正かつ適正な手続の下に作成及び公表が行われたものと認められ，一般に公正妥当な企業会計の基準として認められることが見込まれるものとして金融庁長官が定めるものは，第一項に規定する一般に公正妥当と認められる企業会計の基準に該当するものとする。
> 一　利害関係を有する者から独立した民間の団体であること。
> 二　特定の者に偏ることなく多数の者から継続的に資金の提供を受けていること。
> 三　高い専門的見地から企業会計の基準を作成する能力を有する者による合議制の機関（次号及び第五号において「基準委員会」という。）を設けていること。
> 四　基準委員会が公正かつ誠実に業務を行うものであること。
> 五　基準委員会が会社等（会社，指定法人，組合その他これらに準ずる事業体（外国におけるこれらに相当するものを含む。）をいう。以下同じ。）を取り巻く経営環境及び会社等の実務の変化への適確な対応並びに国際的収れん（企業会計の基準について国際的に共通化を図ることをいう。）の観点から継続して検討を加えるものであること。

このように，わが国の場合，「金融庁長官が定める」との限定句はあるものの，IFRSも実質的に，わが国における「一般に公正妥当と認められる企業会計の基準として」に該当するものとして認知されているである。

しかしながら，この「一般に公正妥当と認められる企業会計の基準」という用語法については，関係者の間において，必ずしも十分な理解が得ら

れているとは言い難い。というのも，かかる用語法は，あくまでも会計専門家の間で使用されてきているものの，法律家の間では，これとほぼ同義語と解される「公正な会計慣行」という用語法が定着してきているからである。そのため，法律上，会計基準違反を問われた裁判事案では，殊更にこの「公正な会計慣行」の内実等が争点とされ，会計的視点とは異なる判断等もみられるのである。

そこで，本章では，この「公正な会計慣行」に関する問題を手掛かりとして，今後，IFRS の適用が拡大された場合に提起される可能性のある問題について検討することとする。

## 2 「公正な会計慣行」に対する見方の違い

2008（平成 20）年 7 月 18 日，最高裁判所第 2 小法廷が下した，旧株式会社日本長期信用銀行（以下，長銀とする）の元頭取らに対する虚偽記載有価証券報告書提出罪および違法配当罪を否定する判断は，旧商法第 32 条第 2 項の「公正ナル会計慣行」（以下，公正な会計慣行とする）の解釈に係る最高裁としての初めての判断であったことから，会計領域に身を置く者にとっては，きわめて多くのインパクトが与えられたのである。

ちなみに，2002（平成 14）年 9 月 10 日に下された東京地裁での刑事第一審の判決では，銀行の不良債権処理に対して，銀行が継続して適用してきた税法基準を許容することなく，大蔵省が 1997（平成 9）年から銀行検査を行う職員向けに発した通達（資産査定通達）や事務連絡（関連ノンバンク事務連絡）が新基準であり，それこそが従うべき「唯一の」「公正な会計慣行」であるとの判断を下していたのである。ここにおいて，会計および監査上の問題として取り上げなければならないのは，まず，「公正な

会計慣行」とは何なのかということ，そして，さらに，そうした「公正な会計慣行」について，「唯一」のものといった理解はあり得るのか，ということである[2]。

そもそも，「公正な会計慣行」の概念が導入されたのは，1974（昭和49）年の商法改正のときであった。そこでは，第一編総則の第五章商業帳簿において，まず，「財産及損益ノ状況ヲ明カニスル為会計帳簿及貸借対照表ヲ作ルコトヲ要ス」（昭和49年改正商法第32条第1項）と規定し，続けて，「商業帳簿ノ作成ニ関スル規定ノ解釈ニ付イテハ公正ナル会計慣行ヲ斟酌スベシ」（同条第2項）と規定されていたのである。当時，この「公正な会計慣行」という会計に関する包括規定が新設された背景としては，「第1に，商法の会計制度と証券取引法会計との制度的統一性を実現すること，第2に，商法に規定されている強行規定の解釈指針という枠組みの中で，企業会計原則をはじめとする会計基準の法規範性を明確にすること」[3]にあったとされる。というのも，昭和49年の商法改正では，別途，「株式会社の監査等に関する商法の特例等に関する法律」（商法特例法）が成立し，大会社と定義される株式会社については，その計算書類につき，証券取引法の監査制度に倣った形での会計監査人による監査を受けることが求められることになったのである。そのため，これら2つの法律の適用を受ける株式会社について，「商法と証券取引法とにおける会計基準が一致し，同一の会計基準に従って監査が行われることを明確にするための規定を商法に置くこと。」[4]が求められたのである。

わが国の場合，1949（昭和24）年7月制定の「企業会計原則」の前文二の1において，会計原則の性格として「企業会計原則は，企業会計の実務の中に慣習として発達したものの中から，一般に公正妥当と認められたところを要約したものであって，必ずしも法令によって強制されないでも，すべての企業がその会計を処理するに当つて従わなければならない基準で

ある。(傍線筆者挿入)」と規定されているように、法規範とは一線を異にしているのである。そのためか、会計および監査の世界では、この会計の基準が法の場で俎上にのせられ、企業経営者もしくは監査人の法的責任追及の根拠とされることについては殆ど等閑視されていたように思われる。

しかし、今、企業会計の世界で問われていることは、適正な財務報告を支える根拠たる会計の基準とはいったい何を指すのか、といったきわめて根源的な課題であるといえる。これまでも、「会計のことは会計に聞け」といわれるように、こうした会計基準の有り様について、法の立場での議論を鵜呑みにするのではなく、まさに、会計および監査の社会的存在意義を含めて、この「一般に公正妥当と認められる企業会計の基準」の本旨について考察を行うことが不可欠である。かかる視点を踏まえ、以下において、会計基準設定のあり方と適用に関する課題について検討することとする。

## 3 会計基準の一般的承認性の経緯 [5]

周知のとおり、わが国の会計および監査制度の範ともされた米国においては、会計および監査行為を律する社会的な規範として、「一般に認められた会計原則」(Generally Accepted Accounting Principles：GAAP) および「一般に認められた監査基準」(Generally Accepted Auditing Standards：GAAS) と称されるものが、公認会計士による監査との深い関係を有しながら、その一般承認性が醸成されてきているのである。しかし、ここにいう修辞句としての「一般に認められた」との用語の意味する内容については、必ずしも明確な定義づけ、ないしは、会計および監査関係者の間における共通認識が得られているとは言い難いのである。

それどころか、わが国においては、かかる用語にさらに説明語句 (傍線

## 第4章
### 会計基準の設定のあり方と適用に関する課題

筆者挿入)を加え,「一般に公正妥当と認められる企業会計の基準」とか「一般に公正妥当と認められる監査の基準」といった表現の下,これが,実質的に法規範性を有しながら,現行の会計および監査制度おいて使用されているのである[6]。そこで,かかる用語が会計および監査制度の中で用いられるようになった経緯について,簡単に振り返ることとする。

ちなみに,米国での会計領域において「一般に認められた会計原則」といった用語が初めて登場したのは,1936年に米国会計士協会(American Institute of Accountants：AIA)が出版した『独立会計士による財務諸表の検査』の中であるといわれている[7]。しかし,実際にはその先駆として知られている,AIAの証券取引所協力特別委員会とニューヨーク証券取引所上場委員会との間で,1932年から1934年にかけて交わされた往復書簡[8]において,すでに「認められた会計原則(Accepted Principles of Accounting)」という用語が,監査報告書の標準様式の文例中に見いだされるのである。

この点についてはZeffの指摘[9]にもあるように,「認められた会計原則」および「会計原則」という用語を公認会計士の業務上の術語として取り入れたということ,すなわち現実の会計および監査制度として具体的実践の中に導入されることとなったということであり,その後の発展にとりきわめて大きな意義をもっているものと解されている。つまり,米国では,同時期の1933年の連邦証券法(Federal Securities Act of 1933)と1934年の連邦証券取引所法(Federal Securities and Exchange Act of 1934)の制定により,上場会社に対して,公認会計士による財務諸表の監査を義務づけるとともに,連邦政府の新たな行政執行機関として,1934年に証券取引委員会(Securities and Exchange Commission：SEC)を設置し,会計の用語と会計方式を設定する権限を付与したのである。

しかし,実際には,「会計原則を開発し,相違をなくすことは日々の実

務においてその問題を直接扱っている会計職業人にまかせ，証券取引委員会は彼らに協力すべきである」[10]という意向が尊重され，1938年に公表されたSECの会計連続通牒（Accounting Series Releases：ASR）第4号で，財務諸表は「実質的な権威のある支持（Substantial Authoritative Support）」のある会計原則に準拠しなければならないことを規定するとともに，会計専門職団体（つまり，当時のAIAと，後の米国公認会計士協会（American Institute of Certified Public Accountant：AICPA）[11]）が設定する会計諸基準をSECが追認する形でその権威づけを行い，直接自身の手で作成することを回避してきているのである。

こうした会計基準の設定に関しては，その後，AICPAの内部機関であった会計原則審議会（Accounting Principles Board：APB）から会計基準の設定作業を引き継いで1973年に創設された財務会計基準審議会（Financial Accounting Standards Board：FASB）[12]が設定する基準書等についても，SECは同様に，同年公表のASR第150号において，「実質的な権威のある支持」を保証することで，その権威づけを再確認している。これは，会計原則に対する一般的承認性をSECの権威づけといったメカニズムの中で認識しようとするもので，1938年のASR第4号以来の一貫した姿勢であるといえる。そしてこのことは，会計諸基準の設定機関の変遷はあるものの，FASBの活動自体が，AICPAの理事会の指令の下で始まったという経緯を振り返るならば，GAAPのもつ一般的承認性というものの源泉は，SECの行う「実質的な権威のある支持」という語句に代替される，GAAP設定母体としての職業会計士自体，すなわち会計プロフェッション自体の公的認知に深いかかわりをもったものであると解されるのである。それは，SECがいう「実質的な権威のある支持」が一体何を意味するかについては，「確定的に限定されていない」[13]という根源的な課題とも相関するのである。

# 第4章
会計基準の設定のあり方と適用に関する課題

## 4 監査基準の一般的承認性の経緯

　一方，財務諸表がGAAPに準拠しているかどうかを検証し，もって財務諸表に信頼性を付与する監査活動の規範として「一般に認められた監査基準」が措定されている。そして，Careyの説明[14]にもあるように，少なくとも，20世紀までの米国の場合，これらGAASの設定主体は，常に，会計プロフェッションとしての職業会計士の団体であり，そこでの一連の監査手続書や監査基準書等が，具体的にAICPAのメンバーによって支持されることで，その一般的承認性を保証しようとする構図をとってきたのである[15]。

　しかし，監査基準の一般的承認性というものの発端は，「SECが1940年に発足させた規則S-Xを，よく引用されてきたマッケソン・アンド・ロビンズ事件を教訓として1941年に改正して公認会計士の監査は『一般に認められた監査の基準』によるべきであるという規定を追加」[16]した点に見いだされる。同時にSECは，ASR第21号（Feb.5,1941）の中で，「一般に認められた」監査手続の内容に関して，「熟練の会計士が通常採用する監査手続と，各種の会計団体や法的権限を有する政府機関の様な権威ある諸団体によって表明された監査手続」を念頭に置いている旨の指摘をするだけで，「一般に認められた」という場合の実質的意味内容や要件等については，会計原則同様，直截的には明示していないのである。しかし，AIAが，かかる規則S-Xの修正の際，短文式監査報告書の標準様式に付加的文言として，「一般に認められた監査基準に準拠して…」といった一文を追加したことから[17]，監査実践の場において，会計プロフェッションの権威の基盤として，きわめて象徴的色彩を帯びて捉えられることとなったのである。

このように，会計原則と監査基準の双方に冠せられた「一般に認められた」という用語の概念は，その起源は異なるものの，ともに明瞭に定義されないままになっているということ，それは裏を返すならば，背後に専門職業会計士という会計プロフェッションの存在を制度的に認知・措定し，それらの社会的権威を保証することで私的統制を確保させようとする強い期待が込められているからに他ならないものと解されるのである[18]。

　したがって，監査の機能的側面，すなわち，監査の社会に対する働きという観点から再考するならば，会計原則や監査基準が真に有効に機能するためには，会計プロフェッションが社会的に承認されることが必須の要件であると同時に，その前提条件として，会計プロフェッションの側において十分な自己統治ないしは自主規制が完遂されなければならないものと解される[19]。

## 5　わが国における「一般に公正妥当と認められる企業会計の基準」

　ところで，わが国の場合，長年にわたり，この「一般に公正妥当と認められる企業会計の基準」の実質的な内容については，会計および監査の研究領域においてもほとんど議論されることはなかった。それどころか，1991（平成3）年12月に監査基準が大改訂され，特に，監査実施準則についての純化が大幅に行われたことで，「今後，日本公認会計士協会が，自主規制機関として公正な会計慣行を踏まえ，会員に対して遵守すべき具体的な指針を示す役割を担うことが一層期待されるので，その組織の整備，拡充等適切な諸施策を講じていく必要がある。」（「監査基準，監査実施準則及び監査報告準則の改訂について」の四）。と述べられたことを受けて，翌1992（平成4）年に，日本公認会計士協会において設置された監

査基準委員会が「監査基準委員会報告書」の名の下，実質的に，「監査基準」を補完するために監査上の実務指針を策定するようになったのである。そこで，2003（平成15）年3月公表の「監査基準委員会報告書」第24号「監査報告」の「監査の基準」の項に関する［付録1］では，「我が国において一般に公正妥当と認められる監査の基準の例示」[20]を示すとともに，別途，「監査人の判断の基準」の項において「企業会計の基準には，監査対象の財務諸表に適用される会計基準，会計処理に関する指針及び一般に認められる会計実務慣行を含んでいる。」と規定し，この企業会計の基準については，［付録2］として下記のように「我が国において一般に公正妥当と認められる企業会計の基準の例示」を掲載していたのである。

---

［付録1］我が国において一般に公正妥当と認められる監査の基準の例示
1. 企業会計審議会から公表された監査基準
2. 日本公認会計士協会の指針
   ・監査基準委員会報告書
   ・監査委員会報告（監査第一委員会報告及び監査第二委員会報告を含む。監査に関するもの）
   ・業種別監査委員会報告及び銀行等監査特別委員会報告（監査に関するもの）
   ・IT委員会報告（監査に関するもの）
3. 一般に認められる監査実務慣行

　なお，明確な監査の基準がない場合，監査人が監査を実施するにあたり，実務の参考になるものとしては，例えば次のものがある。
   ・日本公認会計士協会委員会報告に関するQ&A又は解説（監査に関するもの）
   ・日本公認会計士協会の委員会法研究報告（監査に関するもの）
   ・国際監査基準
   ・監査に関する権威のある文献

> [付録2] 我が国において一般に公正妥当と認められる企業会計の基準の例示
> 1. 企業会計審議会又は企業会計基準委員会から公表された会計基準
> 2. 企業会計基準委員会から公表された企業会計適用指針及び実務対応報告
> 3. 日本公認会計士協会から公表された会計制度委員会等の実務指針及びQ&A
> 4. 一般に認められる会計実務慣行
>
> 財務諸表の適正性に関する判断を行うにあたり,実務の参考になるもの
> ・日本公認会計士協会の委員会研究報告(会計に関するもの)
> ・国際的に認められた会計基準
> ・税法(法人税法等の規定のうち会計上も妥当と認められるもの)
> ・会計に関する権威のある文献

ところで,本来,会計基準とは財務諸表の作成者における会計処理の原則および手続等を規定するものであり,監査人は,その同じ会計基準を用いて,当該財務諸表の適正性を判断するのである。したがって,監査人の行動の規範としての監査基準とは,自ずから社会規範としての位置づけは異なるものであり,これを監査実務指針と同様に,日本公認会計士協会の監査基準委員会報告書の中で取り上げるということには,疑念を感じざるを得ない。そうした懸念もあってか,2011(平成23)年12月公表の新起草方針に基づく監査基準委員会報告書では,この「一般に公正妥当と認められる企業会計の基準」なる表現を全面的に廃止し,代わって,監査基準委員会報告書200「財務諸表監査における総括的な目的」のA5項では,「適用される財務報告の枠組み」という概念を採用し,「適用される財務報告の枠組みは,多くの場合,認知されている会計基準設定主体が設定する財務報告の基準(例えば,企業会計基準委員会が設定する企業会計基準,指定

国際会計基準，又は国際会計基準審議会が公表する国際会計基準)，又は法令等により要求される事項で構成されている。」との説明を施している。いずれにしても，わが国の場合，「一般に公正妥当と認められる企業会計の基準」の実質について何らの検討ないしは考察も踏まえることなく，日本公認会計士協会が監査基準委員会報告書の中で，付録という形であれ，唐突に，「我が国において一般に公正妥当と認められる企業会計の基準の例示」を示したことは，きわめて多くの問題があったといわざるを得ない。とりわけ，監査人の判断の基礎となる会計基準の範囲をこのようにきわめて広範囲なものと解することにより，監査人の責任の範囲がほぼ無制限に拡大されてしまうおそれがあったのである。このような配慮もなく，広範囲にわたる会計基準を例示列挙することができたのは，わが国の場合，監査人の法的な責任が問われる場面がそれまでほとんどなかったことで，会計基準というものに対する理解がきわめて安易になされていたことの証左といえるであろう。

しかし，その後のわが国における監査環境をみれば明らかなように，監査人の責任を問う訴訟での中核的テーマは，被監査会社が準拠すべき会計基準に対する監査人の判断の当否に係るものが大半であるという事実なのである。

## 6　「一般に公正妥当と認められる企業会計の慣行」の意義および課題

会計の基準に関して，2005（平成17）年7月制定の会社法第431条では，「公正な会計慣行を斟酌すべし」とする表現に代えて，「株式会社の会計は，一般に公正妥当と認められる企業会計の<u>慣行</u>に従うものとする。(傍線筆者挿入)」と規定されることとなった。従来の規定は，商法の総則の中の条文（第32条第2項）として規定されていたことから，会社法と異なり，

その適用対象がすべての商人ということで範囲も広く，また，会計上用いられていた企業会計の基準との関係も曖昧なものであった。

　それに対して，会社法の規定は，「基準」と「慣行」の違いはあるものの，基本的に，これまで証券取引法（現在の金融商品取引法）の下で行われてきた会計および監査実務を全面的に受け入れる形での表記となっているものと解することができる。ただ，この会社法を受けて制定されている会社計算規則第3条（会計慣行のしん酌）では，「この省令の用語の解釈及び規定の適用に関しては，一般に公正妥当と認められる企業会計の基準その他の企業会計の慣行をしん酌しなければならない。」と規定しており，実質的な意味合いからは，従来の公正な会計慣行斟酌規定と変わるところはないものと解される。

　しかし，ここで明らかになったことは，会社法にいう「企業会計の慣行」というのは，明らかに，「企業会計の基準」よりも広範な概念であるということである。加えて，旧来使用されていた「公正な」というのは，「一般に公正妥当と認められる」という意味と同義であることを含意しているものと解される。

　すでにみたように，そもそも，会計の世界では，個々の会計処理ないしは判断に際して準拠すべき会計基準の一般的承認性を付与する用語として，「一般に認められた」ないしは「一般に公正妥当と認められる」という表現を用いてきており，その結果，認められることとなる個々の会計処理基準等が複数存在することが当然に想定されるのである。そのことは，奇しくも，上記の監査基準委員会報告書第24号の［付録2］でも示されていた考え方からも首肯されるところである。ただし，その総体としての企業会計の基準の実態ないしは中身については，個別の会計基準として，別途，議論されなければならない問題であるといえる。

　それにもかかわらず，法の世界，とりわけ，これまでに示された具体的

に会計処理の当否を問う訴訟をみるかぎり[21]，問題とされた個別の会計処理の判断等を問う際に，その処理は，当時の「唯一の」会計慣行であったか否かといった表現をもって，法的責任の追及がなされるのが通例である。しかし，「一般に公正妥当と認められる企業会計の基準」自体が，個別の会計処理基準等の総体を示す用語であり，法律的には，それよりもさらに広範な概念である「会計慣行」という表現を用いていることからも，これをもって，「唯一の」という捉え方自体，会計的には，まったく受け容れられない考え方であるといわざるを得ない。

こうした理解に対して，「2つも，3つもルールが併存するという概念自体があり得ないのではないか」[22]といった疑問も発せられているが，そこでいう，ルールとは，まさに，個別の具体的な会計処理基準のことを指しており，その全体を総称する「会計慣行」と，個別の会計処理基準とを混同したものであり，まったく次元の異なる概念であることを理解しなければならないであろう。

今問われなければならないことは，健全な経済社会を支えるインフラとしての会計および監査の機能が，社会の人々に正しく理解されていないのではないか，ということである。会計とは，企業の経済的実態を忠実に描写することであると解するならば，個々の企業の特殊性ないしは置かれている環境等の違いにより，認められている会計処理基準の中で，当該企業にとって最適の会計処理方法を選択して適用することが求められる。そうすることで初めて，当該企業の真実な財務報告を可能とするのであり，それを支える基盤として，「一般に公正妥当と認められる企業会計の基準」が存在するのである。

したがって，個別の環境ないしは企業の特殊事情等を等閑視して，形式的ないしは一律的に，ある特定の会計処理方法のみを強制することは，法的な安定性といった視点からは容認されることがあるにしても，会計本来

の役割とは相いれないものである。しかしながら，昨今の会計および監査を取り巻く環境の中で，具体的に訴訟を通じて議論されてきている会計基準に対する理解において，余りにも，会計的視点を軽視ないしは無視した議論が蔓延っているように思われる。こうした法の世界主導型の会計社会というものを黙認し続けることは，明らかに，会計および監査の危機であるといわざるを得ない。そうではなく，すべての会計および監査関係者が，この「一般に公正妥当と認められる企業会計の基準」の実質について，今こそ，共通理解が得られるための取組みを始めることが強く求められるのである。

## 7 結びに代えて―IFRS 適用に関する今後課題

　すでにみたように，会計および監査の世界では，国際的にも，実務上の経験，慣行ないしは慣習を基礎に会計基準および監査基準等の設定および見直し等がなされてきたというのが実態である。その意味では，基準設定については，いわゆる帰納法的な視点が重視されていたものと解される。
　しかしながら，IFRS については，こうした視点とは対峙する演繹的な視点での設定がなされてきており，既存の会計知識を有する立場の者からすれば異質のものと捉えられる傾向がみられる。それどころか，とりわけ米国の会計基準および 20 世紀末以降のわが国の会計基準にみられるような「規則主義的（Rules-based）」な詳細な会計基準ではなく，これを「原則主義的（Principles-based）」な会計基準として設定しているといった点に関しても，違和感を抱くおそれもある。というのも，粉飾決算といったように明らかな不正会計でなくとも，会計基準に抵触するのではないかということで責任が問われる事案が散見されることから，法規範性（法的な

強制力）を有してきている会計基準の実質ないしはその適用の当否等に関しては，社会的にも共通の理解を得ておくことが望まれるのである。

　そもそも原則主義というのは，規則主義の場合と異なり，大本となる基本的な考えを示した上で，個別・具体的な会計処理等については，企業の的確な判断に委ねるというものである。つまり，個々の取引や経済行為に適う会計処理などを詳細に会計基準として規定するのではなく，企業の主体的判断を尊重するというもの。その意味で，規則主義が子供の世界の規範だとすれば，原則主義は，まさに誠実な大人の世界の規範の前提をなす考えだと称することもできる。

　そのために，会計の場合，原則主義が有効に機能するためには，会計判断を下す当事者において次の3つの前提が備わっていることが不可欠なのである。まず，会計基準に対して適切な判断を下すのに必要な専門的知識を保持していること。次に，会計基準の具体的適用に際して倫理観および誠実性を発揮できていること。最後に，原則を貫いたり，または原則から逸脱した場合に適切な説明責任を履行できること。つまり，この専門性，倫理性および説明責任を備えた者が会計に関与することで，初めて原則主義は受け容れ可能となるのである。こうした前提を度外視して，IFRSの単なる技術的な適用ないしは導入のみを推進する場合には，却って，自由裁量の世界で企業は会計基準を恣意的に駆使するおそれもあり，本来の真実な会計情報の開示が担保されないおそれもある。

　その意味でも，今後，IFRSの健全な適用と促進を図るために会計プロフェッションが，果たすべき役割と責任はきわめて大きいものと言わざるを得ない。

**注**

1) 特定会社とは，金融商品取引法で規定する有価証券の発行者のうち，以下の2つの要件を満たす会社をいう（「連結財務諸表の用語，様式及び作成方法に関する規則」第1章総則 第1条の2）。①連結財務諸表の適正性を確保するための特段の取組みに係る記載を行っていること，および，②指定国際会計基準に関する十分な知識を有する役員または使用人を置いており，指定国際会計基準に基づいて連結財務諸表を適正に作成することができる体制を整備していること。

2) 長銀の破綻に伴って提起された裁判の中で，特に，「公正な会計慣行」に関する議論として，会計的視点からみて，示唆に富む指摘のみられる文書および書籍として，会計制度監視機構（2009）と国広（2011），pp.99-195があげられる。

3) 片木（2012），p.13。

4) 大蔵省企業会計審議会報告「商法と企業会計原則との調整について」昭和44年12月16日。本報告に関しては，有価証券報告書提出会社ではなく，商法特例法上の大会社であったビックカメラの課徴金審判事件（平成21年）を題材として，以下のような疑問が発させられている。

　「この報告書では有価証券報告書提出会社というものと中小会社，この2つが出てくるのです。それぞれについて，どういう会計処理，どういうものが公正なる会計慣行とみる余地があるのかということには触れられているのですが，あえて，有価証券報告書提出会社ではない，しかし，大会社というタイプの会社には言及されていないわけです。その研究会の委員の方々の顔ぶれを考えると，気が付かなかったはずはないわけで，気づいたけれど書いていないのだと思います。このことは，おそらくそれは非常に難しい問題だから，あえて書いていないのではないかと私なんかは思うのです。

　そういうわけで，商法特例法上の大会社は有価証券報告書提出会社に近い会計処理をすることが商法特例法の観点から要求されていたのか，それとも，そうではなく，やはり有価証券報告書提出会社ではないということが大きな分水嶺になるのかが問題になるわけです。その点を証券取引等監視委員会は，おそらく意識しないで，これは有価証券報告書提出会社と同じように扱っていいと思って，課徴金納付命令を当初出したのではないかと思われるわけですが，本当にそれでいいのかという点が気になるわけです。」（弥永真生発言『「公正なる会計慣行」の論点整理：公認会計士と弁護士の認識の違い』日本公認会計士協会近畿会・大阪弁護士会，平成24年6月，p.25.)

5) 本節での議論に関しては，八田（1984），pp.68-77の検討を基礎にしている。

6) 「財務諸表等の監査証明に関する内閣府令」（最終改正平成24年2月15日内閣府令第4号）では，監査報告書等の記載事項（第4条）において，次のような規定を置いている（なお，文中の下線は，筆者挿入）。

まず，監査報告書に記載すべき事項の中の「監査を実施した公認会計士又は監査法人の責任」（第1項一号のハ）を受けて，当該責任事項として，「監査が<u>一般に公正妥当と認められる監査の基準</u>に準拠して行われた旨」（第4項二号）の記載を求めている。さらに，「監査の対象となった財務諸表等が，<u>一般に公正妥当と認められる企業会計の基準</u>に準拠して当該財務諸表に係る事業年度（連結財務諸表の場合には，連結会計年度，以下同じ。）の財政状態，経営成績及びキャッシュ・フローの状況をすべての重要な点において適正に表示しているかどうかについての意見」（第1項一号のニ）を監査人の意見として記載すべきとしている。

なお，2006（平成18）年制定の金融商品取引法第193条では，「この法律の規定により提出される貸借対照表，損益計算書その他の財務計算に関する書類は，内閣総理大臣が一般に公正妥当であると認められるところに従つて内閣府令で定める用語，様式及び作成方法により，これを作成しなければならない。」と規定しているが，ここにいう，財務計算に関する書類の作成方法に関する内閣府令として，以下の規則があり，これらの規則において，「一般に公正妥当と認められる企業会計の基準」という表現が用いられているのである。

「財務諸表等の用語，様式及び作成方法に関する規則」（昭和38年大蔵省令第59号）
「連結財務諸表の用語，様式及び作成方法に関する規則」（昭和51年大蔵省令第28号）
「中間財務諸表等の用語，様式及び作成方法に関する規則」（昭和52年大蔵省令第38号）
「中間連結財務諸表の用語，様式及び作成方法に関する規則」（平成11年大蔵省令第24号）
「四半期財務諸表等の用語，様式及び作成方法に関する規則」（平成19年内閣府令第63号）
「四半期連結財務諸表の用語，様式及び作成方法に関する規則」（平成19年内閣府令第64号）

7) AIA (1936) (加藤ほか訳 (1981), pp.105-149).
8) 当時のAIAの委員会の会長であったGeorge O.Mayの名を冠して「メイ書簡」と呼ばれている（AIA (1934)（加藤ほか訳 (1981)，第3章に所収）．なお，メイ書簡の詳しい経緯については，青柳 (1969, pp.248-265) に詳しい）。
9) Zeff (1971), p.124.
10) Blough (1967), p.5 (加藤ほか訳 (1981), p.173).
11) AIAは，1957年に米国公認会計士協会（American Institute of Certified Public Accountants：AICPA）に改称され，現在に至っている。
12) FASB設置の経緯については，AICPA (1972)（鳥羽・橋本訳 (1997), pp.29-159) に詳しい。なお，FASBだけでなく，FASB設置の年に創設された国際会計基準委員会（International Accounting Standards Committee：IASC）においても，新たに設定される会計規範のすべてについて，従来使用してきた「会計原則（Accounting Principles）」という用語に代えて，「会計基準（Accounting Standards）」なる用語

が用いられることとなって今日に至っている。
13) 小森（1979），p.61。
14) Carey（1969），p.135.
15) 米国の場合，2002年7月制定の「2002年サーベインズ・オックスリー法」（通称，「企業改革法」）において，新たに，会計事務所の監視等の役割をもった非政府組織の新たな機関として，公開企業会計監視委員会（Public Company Accounting Oversight Board：PCAOB）を設置し（同法101条），監査，品質管理，倫理，独立性その他監査報告書の作成に関する基準の設定権限が付与されることとなった（同法101条（c））。これにより，1978年以来，監査基準書の公表を行ってきたAICPAの中に設置された監査基準設定機関である監査基準審議会（Auditing Standards Board：ASB）は，監査基準の設定権限を実質的に失うこととなった。そのため，現在では，ASBは，非公開会社向けの監査基準書の公表を行う機関となっている。
16) 忠（1975），p.122。
17) Carey（1970），p.154.
18) こうした理解については，村瀬（1981, pp.7-113）に追うところが大きい。
19) 会計プロフェッションが社会的に認知され，監査業務を独占的に担当することを可能にするための理論的基礎として，会計プロフェッションにおける厳格な自主規制があることを論じた八田（2004, pp.21-34）を参照されたい。
20) なお，この第24号は，2011（平成23）年12月公表の，新起草方針に基づく監査基準委員会報告書等の公表により，ほぼ全面的に廃止となったが，2010（平成22）年3月改訂の監査基準の「前文　二の1」では，「我が国の監査の基準の体系としては，平成3年の監査基準の改訂において，監査基準では原則的な規定を定め，監査基準を具体化した実務的・詳細な規定は日本公認会計士協会の指針（監査実務指針）に委ね，両者により我が国における一般に公正妥当と認められる監査の基準とすることが適当とされたところである。」として，この監査基準委員会報告書を正式にわが国における「一般に公正妥当と認められる監査の基準」の範疇に含めている。
21) 「公正な会計慣行」を基軸として，会計処理判断の違法性等が問われた訴訟に関して，これを法と会計の両者の立場から検討したものとして，次の文献があげられる。日本公認会計士協会近畿会・大阪弁護士会，『「公正なる会計慣行」の論点整理：公認会計士と弁護士の認識の違い』平成24年6月。また，会計および監査に対する法律家の考えの一端を知ることのできる，山口（2013）のような書籍もある。
22) 会計慣行は唯一のものなのか，それとも，複数併存するのかといった問題を捉えて，「やはり，唯一のルールとかルールが併存しているという言い方は裁判の中に出てきますけれども，これはいかにも法律家らしい発想なのです。会計基準というものを法に近いものと捉えたら，唯一かどうかという問題とか併存するという問題になるのですが，例

えば今申し上げたように，解釈も含めて全部を含めて会計基準と捉えるのだったら，もっともっと幅の広いものであって，2つも，3つもルールが併存するという概念自体があり得ないのではないかなと。要するに，幅のあるものであって，その幅の範囲かどうかという問題だけをとらえればいいのではないかなと思うのですが，その辺はちょっと，個人的な疑問です。」(山口利昭発言『「公正なる会計慣行」の論点整理：公認会計士と弁護士の認識の違い』日本公認会計士協会近畿会・大阪弁護士会，平成24年6月，p.25。)との発言がみられる。しかし，ここでの大きな誤解は，発言にいう「ルール」とは，個別の具体的会計処理の方法をいおうとしているにもかかわらず，これを，それらの全体を包含する会計基準と同列に扱っているために生じている誤解なのである。つまり，例示として，棚卸資産の評価を正しく行うべしとするのは，棚卸資産に関する会計基準の基本的考えであり，そのための具体的評価方法として，現時点で認められた方法として移動平均法，先入先出法等があり，個別の企業が，そのいずれの評価方法を採用するかは任意であり，その結果，いずれの会計処理も適切であると捉えられることから，当然に，そうした処理は，「一般に公正妥当と認められる企業会計の基準」に準拠しているとされるのである。つまり，当該発言にいう「ルール」とは，まさに，ここでの複数ある具体的な評価方法を指していると解されるのであり，それらが併存していることに何らの違和感もないのである。

### 参考文献

American Institute of Accountants [AIA] (1934) *Audits of Corporate Accounts*.

AIA (1936) *Examination of Financial Statements by Independent Public Accountant*. (加藤盛弘・鵜飼哲夫・百合野正博共訳 (1981)『会計原則の展開』森山書店)

American Institute of Public Accountants [AICPA] (1972) Report of the Study of Establishing Accounting Principles. (鳥羽至英・橋本尚訳 (1997)『会計原則と監査基準の設定主体』白桃書房)

Blough, C.G. (1967) Development of Accounting Principles in the United States, *Berkley Symposium on the Foundations of Financial Accounting*, University of California, Berkley.

Carey, J.L. (1969) *The Rise of the Accounting Profession : From Technician to Professional 1986-1936*, AICPA. Inc.

Carey, J.L. (1970) *The Rise of the Accounting Profession : To Responsibility*

and Authority 1937-1969, AICPA. Inc.
Zeff, S.A.（1971）*Forging Accounting Principles in Five Countries*, Authur Andersen & Co. Lecture Series.
青柳文司（1969）『会計士会計学 [ 改訂増補版 ]』同文舘出版。
会計制度監視機構（2009）「『公正なる会計慣行』とはなにか―会計判断調査委員会の設置を目指して―」7月7日。
片木晴彦（2012）「Ⅱ　公正妥当と認められる会計慣行および会計基準」『商事法務』No.1974。
国広正（2011）『修羅場の経営責任』文春新書。
小森瞭一（1979）「『アメリカにおける一般に認められた会計原則』設定メカニズム」『會計』Vol.115 No.3, pp.61-76。
忠佐市（1975）「FASB 会計基準と『企業会計原則』」『會計』Vol.107 No.5, pp.118-137。
八田進二（1984）「監査が『社会的な受容を得る』ことの意味」『経済系』（関東学院大学経済学会）No.138, pp.68-77。
八田進二（2004）『公認会計士倫理読本』財経詳報社。
村瀬義祐（1981）『現代会計の基礎』森山書店。
山口利昭（2013）『法の世界からみた「会計監査」：弁護士と会計士のわかりあえないミゾを考える』同文舘出版。

# 第5章
## 法人税法第22条第4項にいう公正処理基準の再検討

## 1 はじめに

　昭和42年,法人税法第22条第4項に「第2項に規定する当該事業年度の収益の額及び前項各号に掲げる額（原価,費用及び損失）は,一般に公正妥当と認められた会計処理の基準に従って計算されるものとする。」（一般に公正妥当と認められた会計処理の基準を以下,公正処理基準とする）の規定が創設されて,約50年になろうとしている。この規定は,企業会計と法人税法における課税所得の計算とのリンクを法的に明確にしたという点で重要な規定と考えられてきた。

　同法第22条第4項を解釈するうえでの問題は,公正処理基準が,具体的に何を意味するのか明示的に規定されていないことにある。公正処理基準の解釈については,同項が創設されて以来,日本会計研究学会,税務会計研究学会および日本税法学会等をはじめ多くの場で議論され,問われ続けてきたが,現在でも結論をみるに至っていない。

　このような中で,平成25年7月19日,東京高裁において注目すべき判決（確定）が下された。それは,日本公認会計士協会が平成12年7月31日付で公表した「特別目的会社を活用した不動産の流動化に係る譲渡人の会計処理に関する実務指針」（以下,流動化実務指針とする）における「リスク・経済価値アプローチ」に基づく会計処理が,公正処理基準に該当しないと判示されたのである。

　昨今,新たな会計基準や指針等が公表される中で,公正処理基準の解釈,すなわち企業の適用した会計上のルールが公正処理基準に該当するか否かという解釈について関心が高まっている。上記判決は,公正処理基準の解釈を巡り,流動化実務指針の意図する会計処理が,法人税法の基本的な取扱いに沿うものではないとされ,このような会計処理を求める流動化

実務指針は公正処理基準に該当しないと結論づけている。この裁判は，平成5年のいわゆる大竹貿易事件の判決を踏まえた上で判示されていることから，これら2つの判例を検討することにより，裁判所が公正処理基準への該当性をどのように判断するかという点を理解することができるものと思われる。

そこで，本章では，法人税法第22条第4項にいう公正処理基準の解釈について，同法第4項の制定経緯，過去の判例を手がかりにしながら若干の考察を試みるものである。

## 2　法人税法第22条第4項の制定経緯

我が国では，企業会計と法人税法との関係について多くの議論が公的機関の手によって戦後一貫して比較的活発に行われてきたが，法人税法第22条第4項は，こうした議論の積み重ねを経て生まれたものである[1]。以下では，主な意見書等を振り返ることにより，企業会計および法人税法の視点から第22条第4項の創設に向けて，どのような議論がなされたのか確認しておきたい。

### 1．企業会計基準審議会「税法と企業会計原則との調整に関する意見書」

企業会計の立場から税法に対して明確な意見書という形で示されたのは，昭和27年6月1日，経済安定本部企業会計基準審議会（現在の企業会計審議会）から公表された「税法と企業会計原則との調整に関する意見書」（以下，昭和27年意見書とする）である。

昭和27年意見書公表の趣旨は，総論の冒頭で述べられている。それは，「税制上または税務上の利用により，企業の実際の純利益と実際の課税所

得との不一致を生ずる事実は無視しえないとしても,公正妥当な会計原則に従って算定される企業の純利益は課税所得の基礎をなすものである,税法上における企業の所得の概念は,この意味における企業の利益から誘導されたものであることを認めなければならない。税法における所得計算の基本理念もまた究極において「一般に認められた会計原則」に根拠を求めなければならないのである[2]。」とし,企業利益と課税所得とが必ずしも一致するものではないことを認めた上で,課税所得算定の基礎は一般に認められた会計原則に根拠を求めなければならないことを主張しているのである。昭和27年意見書は,「企業会計原則」の立場から,いわば税法に対し多くの改正を要望したものであった。

## 2. 企業会計審議会「税法と企業会計との調整に関する意見書」

その後,企業会計審議会は,昭和41年10月17日に「税法と企業会計との調整に関する意見書」(以下,昭和41年意見書する)を公表した。昭和41年意見書の趣旨は,課税所得が企業利益を基礎として税法特有の規定を適用して計算されるものであるとした上で,企業が妥当と認めて選択した適正な会計方法による企業利益は,法人税法上容認されなければならない点を主張する。法人税法は,会計方法の選択性を抑制し,会計方法の適用条件を限定し,会計処理における重要性の判断を規制し,損金経理や圧縮記帳を強制するなど企業会計に各種の規制を加えている[3]。よって,法人税法は,企業の自主的な会計方法の選択適用を十分に尊重し規制してはならないとして,基本的には昭和27年意見書と同じ立場に立つものと思われる。しかし,昭和41年意見書では,「企業会計原則」についても検討すべき問題を提示していること,法人税法と企業会計原則の間における差異の調整だけでなく,企業の会計実務や税務行政との間における調整すべき差異についても言及している点で昭和27年意見書の内容を踏まえた

改訂版としての役割をもつと位置づけることができる。昭和41年意見書では、以上の趣旨を明確にするため、納税者の各事業年度の課税所得は、納税者が継続的に健全な会計慣行によって算出された企業利益に基づいて計算することを前提とする法人税法の総則的規定の制定を提案した。

## 3. 税制調査会「税制簡素化についての第一次答申」

昭和41年頃から税制簡素化の要望が高まり、政府税制調査会において税制簡素化部会が設置され、簡素化の方向性について検討が加えられた[4]。その結果、税制調査会は、昭和41年12月「税制簡素化についての第一次答申」を公表した。

同答申の基本的な考え方は、「…企業利益と課税所得との間に差異があることは好ましいことではなく、税法は、特別な政策的配慮に基づくときであっても、できるかぎりその仕組みを考えて適正な企業利益の計算を妨げないこととするとともに、負担の公平という角度からややもすれば画一的に取り扱いがちの課税所得の計算についても、適正な企業会計の慣行を奨励する見地から、客観的に計算ができ、納税者と税務当局との間の紛争が避けられると認められる場合には、幅広い計算原理を認めることを明らかにすべきである[5]。」というものであった。

この考え方に立って、「課税所得は、本来、税法、通達という一連の別個の体系のみによって構成されるものではなく、税法以前の概念や原理を前提としているといわねばならない。絶えず流動する社会経済事象を反映する課税所得については、税法独自の規制の加えられるべき分野が存在することも当然であるが、税法において完結的にこれを規制するよりも、適切に運用されている会計慣行にゆだねることの方がより適当と思われる部分が相当多い。このような観点を明らかにするため、税法において課税所得は、納税者たる企業が継続して適用する健全な会計慣行によって計算す

る旨の基本規定を設けるとともに，税法においては，企業会計に関する計算原理規定は除外して，必要最小限度の税法独自の計算原理を規定することが適当である[6]。」としている。

このような議論を踏まえ，昭和42年の法人税法の改正では，税制簡素化の一環として法人税法第22条第4項が創設された。その趣旨は，当該事業年度の益金の額に算入すべき収益の額および当該事業年度の損金の額に算入すべき売上原価，費用および損失の額は，企業が継続して適用する公正処理基準に従って計算されるものであることが規定され，課税所得と企業利益は，別段の定めがある場合を除き，原則として一致すべきことが明確にされたのである[7]。この背景には，それまでの法人税法関係法令や通達等の解釈・適用に係る画一主義を排し，個々の納税者が自分に適合する合理的な会計処理を選択したときはこれを幅広く容認するという企業の自主的な会計処理を尊重する考え方があった。よって，法人税法第22条第4項の創設は，昭和27年意見書および昭和41年意見書に共通する，企業が健全な会計慣行によって経理を行うことを前提とした「企業の自主経理の尊重」という考え方を法人税法が受け入れた結果と考えられる。

## 3 法人税法における所得概念と公正処理基準

法人税法第22条第4項の創設により企業利益と課税所得の算定が法的に結びつけられたものと考えられるが，同法第22条全体の構造と第4項の位置づけを確認しておく必要がある。

法人税法第21条では，「法人税の課税標準は，各事業年度の所得の金額とする」と規定しており，法人にとって「所得」が担税力を最もよく表す課税標準とされている。しかし，同法では，「所得」とは何かという定義規

定は置かれていない。そもそも法人税法でいう「所得」の概念は，税法固有の概念ではなく本来経済的概念であり，これを基礎として課税所得の概念を定立させたと考えられている。財政学の領域では，この課税所得の概念をどのような範囲で把握するかという議論が古くから行われてきた。主な学説の中に，純資産増加説があり，この説は所得の発生原因に関わりなく一定期間内における純資産の増加をすべて所得としてみる考え方である。法人税法は，純財産増加説に立ち，資産および事業から生じる経常的な所得だけでなく，一時的な所得も課税所得に含める包括説の立場をとる[8]。

　法人税法第22条では，〔所得金額の計算の通則〕として課税所得金額の計算に関する概括的な規定が置かれている。同法第1項では，内国法人の各事業年度の所得の金額の計算構造を，「当該事業年度の益金の額から当該事業年度の損金の額を控除した金額とする」とし，法人税の課税標準である法人の所得金額の算定方法を規定している。次に，同条第2項では，第1項に基づいて，その益金の額に算入すべき金額とは何かが規定されている。それは，「別段の定め」[9]があるものを除いて，資本等取引以外の取引にかかるものであり，その事業年度に帰属すべき「収益の額」であると規定している。さらに，収益の額が生じる取引の例示として，①資産の販売，②有償または無償による資産の譲渡，③有償または無償による役務の提供，④無償による資産の譲り受け，⑤その他の取引で資本等取引以外の取引にかかるもの，が示されている。また，同条第3項では，益金の額から差し引くその事業年度の損金の額に算入すべき金額が規定されている。それは，「別段の定め」があるものを除いて，資本等取引以外の「原価，費用及び損失」の額である。さらに，同法第4項は，第2項の収益，第3項の費用等については，公正処理基準に従って計算されるものとすると規定し[10]，各事業年度の所得の計算が原則として企業会計[11]に準拠して行われるべきこと，すなわち企業会計準拠主義を規定しているものと解される。

法人税法第22条第1項から第3項までの規定を総体的にみると，この法人税法の規定の前提に企業会計の計算原理が措定されているのであるから，考え方として次のようになる。企業会計では，発生主義を基礎とし収益は実現主義により認識される。期間損益の把握においては期間配分の考え方に基づき適正な期間損益が計算される。法人税法では，当該事業年度の益金の額から当該事業年度の損金の額を控除することで課税所得が算定されるとし，ここに損益法の計算原理を前提としていることが理解できる。ただし，会計上の収益と法人税法上の益金は概念が異なるため，同法第1項では税法固有の概念として益金という概念が使用されている。一方で，算定された課税所得は，当該事業年度の期末の純資産から期首の純資産を差し引いた純資産の増加額となって現れると考える。この場合に資本の増減により現出した純資産の増減は除かれる。純資産の増加は，損益法により継続的・組織的・網羅的に記帳された帳簿に基づいて誘導的に作成される貸借対照表の純資産の期首と期末の差額として把握される。この場合，企業会計においては，原則として，資産の評価は原価主義で行われる。法人税法は企業会計準拠主義を採っているのであるから，純資産を把握する場合の資産評価は原価主義による。この計算原理を前提として，その上に法人税法の関係法令等が置かれ，企業会計の計算原理で法人税法の目的や考え方に合わないものは税法固有の取り扱いを規定した「別段の定め」により修正される。また，基本規定においても，例えば，同法第3項で損金の計上は債務確定主義によることが規定されているが，基本原理である会計上の発生主義による費用計上を第3項で規制しているのである。

　このような法人税法第22条の構造において問題になるのは，第4項にいう公正処理基準の内容が明確になっていないという点である。公正処理基準には，企業会計原則や企業会計基準委員会が公表する会計基準等を意味するとの見解もあるが，企業会計原則や会計基準等は客観的な法的規範

性をもつものばかりではないとする批判もあり，定説と考えられるものはない。したがって，公正処理基準とは何かという点が，法解釈上問題が生じることになる[12]。

## 4　公正処理基準とは何か

### 1．公正処理基準の意味

　公正処理基準とは，「…一般社会通念に照らして公正で妥当であると評価されうる会計処理の基準を意味する。客観的な規範性をもつ公正妥当な会計処理の基準といいかえてもよい。」とされ，その中心をなすのは，「企業会計審議会が従来定めてきた企業会計原則・同注解，各種基準，指針であって幅広い意味での企業会計原則，企業会計基準委員会の企業会計基準・適用基準等，中小企業の会計に関する指針（日税連・日本公認会計士協会・日本商工会議所・企業会計基準委員会の4団体で作成した指針）や会社法，金融商品取引法，これらの法律の特別法等の計算規定・会計処理基準等であるが，それに止まらず，確立した会計慣行を広く含むと解すべきであろう[13]」とされている。過去の判例では，電気事業法および電気事業会計規則に基づく火力発電所設備の有姿除却にかかる除却損の損金算入は，公正処理基準に適合すると判示されていることから，特定の業界において確立されている会計慣行も含まれる点は注意を要する。

　なお，公正処理基準の意義については，第1は企業会計原則の内容や確立した会計慣行が必ず公正妥当であるとは限らないことであり，その公正妥当性についてはたえず吟味する必要があること，第2は企業会計原則や確立した会計慣行が決して網羅的であるとはいえないことであり，何が公正妥当な会計処理の基準であるかの判定は，国税庁，国税不服審判所，最

終的には裁判所の任務であること，第3は，公正処理基準は，法的救済を排除するものであってはならないことである。法的な観点からみた場合には，「公正妥当」という観念の中には，法的救済の機会の保障も含まれていると解すべきであると述べられている。さらに，21世紀に入り自国の会計基準を国際会計基準に準拠させる動きが加速しつつあることから，わが国においても，国際会計基準が一定の範囲で，一定の条件のもとに公正処理基準の内容となっていくであろうと指摘されている[14]。

以上の見解から，公正処理基準は一般社会通念に照らして公正であると評価される会計処理の基準であり，客観的な規範性をもつものである。その中心をなすものは，企業会計原則，企業会計基準員会の公表する会計基準や指針等，中小企業の会計に関する指針，会社法等の計算規定，さらにはそれぞれの業界において確立した会計慣行等を広く含むものである。重要なことは，何が公正処理基準であるかということについては，最終的に裁判所が判断することになるという点である。

法人税法第22条第4項創設時から2007年までの公正処理基準に関する判例を詳細に分析し，裁判所の公正処理基準に関する主要な判断要素を示した研究がある[15]。その研究では，公正処理基準の解釈そのものを争点とし，その定義を直接判示したものが5件あることが示されている。それらの判決のほとんどが，公正処理基準を「一般社会通念に照らして公正妥当と評価される会計処理の基準」と定義づけている。「社会通念」という概念は，社会一般で受け入れられている常識または見解を意味するものであり，かなり主観的な概念であることから，具体的な会計処理が公正処理基準に該当するか否かの判断においては有効なメルクマールとはなり得ないとしている。

次に，この研究では，判例で公正処理基準に該当するか否かとされた会計処理のうち，それらの根拠となる明文規定の有無を確認し整理している。

公正処理基準に該当するとされた会計処理では、①企業会計原則に従った会計処理は、そのほとんどが公正処理基準に該当するものとされており、企業会計原則を公正処理基準とほぼ同一視する判決が多いことを指摘している。また、法人が行った会計処理が公正処理基準に該当しないとした判決が1件示されたのが、平成5年のいわゆる大竹貿易事件である。次に、②通達[16]に定める会計処理についても、多くの判決が公正処理基準に該当するものと判断している[17]。③その他として、特定の業界で確立された会計慣行、例えば、電気事業会計規則のようなものを公正処理基準に該当するものとして判示したケースである。

この研究では、公正処理基準に該当するものであるか否かの判断において、企業会計原則に準拠した会計処理を行っていたかどうかが1つの判断基準になっていた点が示された。しかし、企業会計原則に準拠した会計処理を行ってさえいれば、公正処理基準とされるかというと、必ずしもそうではない。次の意見は重要である。「裁判所は、基本的には、22条4項の趣旨を尊重し企業会計に基づいた課税所得算定方式を導いていると結論することが許されよう。ただ、ここで注意しなければならないのは、裁判所が具体的な問題について結論を下す際には、企業会計上の基準を法的に再構成することにより、何が「一般に公正妥当と認められる会計処理の基準」であるかを具体的に明らかにしているということである。裁判所が、通達を引用したり、私法上の法律関係を検討したりするのはそうした態度の表れであるといえよう」[18]。このように、企業会計原則等の会計上のルールに準拠した処理が、個別・具体的に法的視点から吟味され、公正処理基準であるか否かが判断される。では、具体的に、裁判所が判断をする際にどのような手法をとるのか、判例で確認する。

## 2. 大竹貿易事件の検討

ここでは，最高裁平成5年11月25日第一小法廷判決「法人税更正処分等取消請求事件」，いわゆる大竹貿易事件を検討し，公正処理基準に関する裁判所の判断をみていくことにする[19]。

### (1) 事案の概要

A社（原告・控訴人・上告人）は，ビデオデッキ，カラーテレビ等の輸出を業とする株式会社である。海外の顧客との間の輸出取引においては，輸出商品を船積みし，運送人から船荷証券の発行を受け，商品代金取立てのための為替手形を振り出し，これに船荷証券その他の船積書類を添付し，これを取引銀行に買い取ってもらっていた。A社は，昭和55年および昭和56年事業年度の法人税の申告に際し，上記輸出取引に係る収益を，①実務上，広く一般的に採用されている船積時を基準として収益を計上する会計処理である船積日基準ではなく，②従前から，荷為替手形の買い取りの時点においてその輸出取引の収益を計上する為替取組日基準により課税所得を計算していた。これに対して，税務署長O（被告，被控訴人，被上告人）は，この会計処理は公正処理基準に適合しないとして，商品の船積時点を基準として収益を計上した上，A社の法人税額の更正と過少申告加算税の賦課決定処分を行った。そこで，A社は，本件課税処分を不服としOへの異議申し立てを行ったが棄却，その後国税不服審判所への審査請求を行ったが再度棄却，本件課税処分の取り消しを求めて神戸地裁に出訴した。本件は，その上告審である。

### (2) 事案の争点

この事案の争点は，船荷証券が発行されている商品の輸出取引による収益を取引銀行による為替買取りの時点で計上する会計処理は，法人税法第

22条第4項にいう公正処理基準に該当するか否かという点である。

### (3) 判決の要旨

平成5年11月25日，最高裁第一小法廷判決は，上告棄却の判決を下した。判決は，「ある収益をどの事業年度に計上すべきかは，…その実現があった時，すなわち，その収入すべき権利が確定したときの属する年度の収益に計上すべきものと考えられる。」と収益計上は権利確定主義[20]によるべきであるという認識を示し，「法人税法第22条4項は，現に法人のした利益計算が法人税法の企図する公平な所得計算という要請に反するものでないかぎり，課税所得計算上もこれを是認するのが相当であるとの見地から，収益を一般に公正妥当と認められる会計処理の基準に従って計上すべきものと定めたものと解される」と同項の趣旨を明らかにした。「取引の経済的実態からみて合理的なものと認められる収益計上の基準の中から，当該法人が特定の基準を選択し，継続してその基準によって収益を計上している場合には，法人税法上も右会計処理を正当なものとして是認すべきである」として，認められる会計基準の中からA社に最も適した方法を選択し継続適用している場合法人税法上も是認されるとの見解を述べ企業会計の論理を尊重している。

しかし，「船荷証券が発行されている場合には，船荷証券が買主に提供されることによって，商品の完全な引渡しが完了し，代金請求権の行使が法律上可能になるものというべきである」として，買主に船荷証券を提供した時点において，商品の引渡しにより収入すべき権利が確定したとする会計処理が相当と判示している。この判示は，①今日の国際間取引が，損害保険制度の発展により遠距離輸送のリスクが回避でき，輸出業者は商品の船積みを完了すれば輸出代金の回収リスクからも解放され，荷為替の売買が代金の回収手段になり得ること，②船積日は船荷証券の発行日付を

もって容易に，かつ，客観的に確定できること[21]，③船積日基準は，輸出取引の収益計上基準として実務上広く採用されていることという点に根拠を求めている。

　これに対して，A社が採用した為替取組日基準が公正処理基準に該当しないとされる主たる理由は，「A社が採用している為替取組日基準は，右のように商品の船積みによってすでに確定したものとみられる売買代金請求権を，為替手形を取引銀行に買い取ってもらうことにより現実に売買代金相当額を回収する時点まで待って，収益に計上するものであって，その収益計上時期を人為的に操作する余地を生じさせる点において，一般に公正妥当と認められる会計処理の基準に適合するものとはいえないというべきである。」として，「このような処理による企業の利益計算は，法人税法の企図する公平な所得計算の要請という観点からも是認し難いものといわざるを得ない」と結論づけている。

### （4）裁判所の判断

　A社は，棚卸資産の輸出取引に係る収益の計上基準として，一般に認められた会計処理基準の中から為替取組日基準を選択し，それを継続適用してきた。会計上，妥当な処理である。しかし，判決では，適正かつ公平な課税の実現という税法固有の観点から，権利確定主義の考え方に立脚し，実務上広く採用され，収益計上時期に恣意性が介入する余地の少ないと考えられる船積日基準を公正処理基準と判断したのである。A社が採用した為替取組日基準は，恣意性の介入可能性が検討され，「権利の確定の日」に関する過去の判例に基づきながら本件取引の特質を詳細に検討した結果，公正処理基準に該当しないと判示している[22]。

　裁判所は，個々の企業の業績や会計処理の比較可能性等は問題にせず，あくまでも同様の状況にある納税者の税負担は公平であるべきという立場

を採る。この判決により、棚卸資産の輸出取引では、法人税法上、船積日基準が収益計上基準として税務実務を拘束することになる。したがって、会計処理上他の収益の計上基準を継続適用している企業は、法人税の申告時には船積日基準に修正した課税所得に基づく申告が求められる。通常、企業は、このような作業が実務上煩雑であるため、会計上他の収益計上基準が妥当であるとしても、船積日基準を収益の計上基準として採用し将来起こりうる税務上のトラブルを避けるのである。

　次に、この判決の特徴は、「別段の定め」が立法されていないところに、"税法固有の観点"という意味の「別段の定め」が想定されているような判断がなされたこと、である。法人税法第22条第4項が創設された時の趣旨、すなわち税制簡素化の一環として、企業利益と課税所得の算定は、「別段の定め」を除き原則として一致するものと考えられていた。つまり、税法固有の取扱いを定めた別段の定めを除けば、企業の自主的経理を容認するというものである。判決では、この点を認めてはいるものの、恣意性の介入の余地があることから上記判決が下された。この背景には、次のような法人税法上の考え方がある。すなわち、会計的な正しさが追及される企業会計の公正さと、法の目的や社会通念の観点に主眼を置く法人税法における公正さの間には、離齬が生じる。企業会計への過剰な依存は、特に法人税法の理念や租税法律主義を阻害する可能性があると考えられているのである。これは、企業会計の基準等が国会における公平負担の観点から吟味を経ていないものであるから、このような会計方法により企業の税負担が決定されてしまう可能性があることを危惧しているのである[23]。したがって、法人税法では、上記判決のように、企業会計における会計慣行を尊重してはいるものの負担の公平の観点から画一的な取扱いが要請されるのである。

## 5　不動産流動化実務指針の公正処理基準としての規範性

　公正処理基準の具体的な適用について，納税者である企業が行った会計処理が公正処理基準に該当するものであるか否かは，最終的に裁判所が判断することになる[24]。そこで，以下では，不動産流動化に伴う信託受益権の譲渡について，日本公認会計士協会が平成12年7月31日に公表した「特別目的会社を活用した不動産の流動化に係る譲渡人の会計処理に関する実務指針」（以下，流動化実務指針とする）に準拠して行った会計処理が，法人税法第22条第4項にいう公正処理基準に該当するものではないと判示された事例である東京高裁平成25年7月19日判決・確定について検討する[25]。

### 1．事案の概要

　X社（原告・控訴人）は，家庭用電気製品の売買等を目的とする株式会社である。X社は，平成14年に資金調達等を目的として所有する不動産（土地・建物）等を信託財産とする信託契約（以下，本件信託契約とする）を締結した上で，それに基づく受益権（以下，本件信託受益権とする）を第三者に譲渡すること等を内容とする，いわゆる不動産の流動化（以下，本件不動産流動化とする）を行った。これについて，X社は，法人税に係る課税所得の金額の計算上，本件信託受益権の譲渡に係る譲渡益を計上し，本件信託財産である不動産を貸借対照表の資産の部に計上しない内容等の会計処理をした。以後，本件信託契約およびこれに関係する契約を終了させた平成19年9月1日から平成20年8月31日までの事業年度（以下，本件事業年度とする）までの間，この会計処理を前提とした内容の法人税の確定申告を行った。その後，本件不動産流動化について本件信託財産の

譲渡を流動化実務指針に準拠し，譲渡（売却取引）ではなく借入等による金融取引として取り扱う会計処理をすべきである旨の指導を証券取引等監視員会から受けたため，X社はこの指導により過年度の会計処理を訂正した。

本件は，X社が本件事業年度の法人税について，上記のとおりその前提とした会計処理を訂正したことにより同年度の法人税の確定申告につき納付すべき税額が過大となったとして，国税通則法第23条第1項第1号に基づき更正の請求をしたところ，課税庁から更正をすべき理由がない旨の通知処分を受けたため，その取り消しを求めた事案である。

## 2．流動化実務指針の要点

流動化実務指針の概要[26]は以下のとおりである。流動化実務指針は，特別目的会社を活用して不動産の流動化に係る譲渡人の会計処理に関する取扱いを統一するために作成されたものであり（同指針1項），不動産の売却の認識は，不動産が法的に譲渡されていることおよび資金が譲渡人に流入していることを前提に，リスク・経済価値アプローチによって判断することとしている（同指針3項）。問題とされるのは，不動産が特別目的会社に適正な価額で譲渡されており，かつ，当該不動産に係るリスク（経済環境の変化等の要因によって当該不動産の価値が下落すること）と経済価値（当該不動産を保有，使用または処分することによって生ずる経済的利益を得る権利に基づく価値）のほとんどすべてが，譲受人である特別目的会社を通じて他の者に，①移転していると認められる場合には，譲渡人は不動産の譲渡取引を売却取引として会計処理するが，②移転していると認められない場合には，譲渡人は不動産の譲渡取引を金融取引として会計処理するという点である（同指針5項）。さらに，リスクと経済価値の移転に関する判断は，リスク負担割合によって判定し，それがおおむね5％

の範囲内であれば、リスクと経済価値のほとんどが他の者に移転したものとして取り扱うとしている（同指針13項）。ここで、譲渡人の子会社または関連会社が特別目的会社に出資を行っていること等により、当該子会社または関連会社が当該不動産に関する何らかのリスクを負っている場合には、子会社または関連会社が負担するリスクを譲渡人が負担するリスクに加えてリスク負担割合を算定するとしている（同指針16項）。

　流動化実務指針における売却取引か金融取引かという判断では、以下の3つの条件を満たすものが売却取引であり、満たさないものが金融取引になる。①不動産が適正な価額で法的に譲渡されていること、②資金が譲渡人に流入していること、③譲渡した不動産のリスクと経済価値のほとんどすべてが譲受人である特別目的会社を通じて、他の者に移転していること、の3つである[27]。X社は、③を満たしていなかったため金融取引として処理したことが争点になったのである。

### 3．事案の争点

　この事案の争点は、原告であるX社が不動産を信託財産とする信託契約に基づく受益権を契約により譲渡し、その対価を収入として得た。その場合、その対価が適正な対価であっても、その不動産に係るリスクと経済価値のほとんどすべてが譲受人（特別目的会社）をとおして他者に移転していると認められないときは、その受益権の譲渡を売却取引とは認識せず、借入等の金融取引として処理する旨の取扱いを定めた流動化実務指針に基づく会計処理は、法人税法第22条第4項にいう公正処理基準に該当するか否かという点である。

### 4．判決の要旨

　本件控訴は棄却された。判決では、「原告は、…既に収益として実現済

みであるその収入したところを，旧法人税法12条1項本文，法人税法22条2項等の規定に従い，それらを収入する原因となった法律関係に従って，有償による本件信託受益権の譲渡等の取引に係る各事業年度の収益の額にあたるものとして，各金額を当該事業年度の益金の額に算入するなどし，各事業年度の所得の金額を計算して，法人税の確定申告をしたものである。原告が上記のとおり本件信託受益権譲渡等の取引により収益があったとして会計処理をし，当該事業年度の益金の額に算入して所得の金額を計算したことが実体ないし実質を欠くものであったということはできない」とし，「不動産を信託財産とする信託契約に基づく受益権を有償で譲渡した場合についていうならば，同条2項〔筆者注：法人税法第22条第2項〕が，別段の定めがあるものを除き，有償による資産の譲渡により収益が生じる旨規定しており，一般に不動産を信託財産とする信託契約に基づく受益権を有償で譲渡した場合には有償による資産の譲渡にあたり，これにより収益が生じたというべきであることを踏まえて判断すべきであって，企業会計上の公正会計基準として有力なものであっても，当然に同条4項〔筆者注：法人税法第22条第4項〕にいう「一般に公正妥当と認められる会計処理の基準」に該当するものではないと解するのが相当である」と判示した。

　さらに，「…法人税法第22条第4項の文言及び趣旨に照らせば，同項は，同法における所得の金額の計算に係る規定及び制度を簡素なものとすることを旨として設けられた規定であり，法人が収益等の額の計算にあたってとった会計処理の基準がそこにいう「一般に公正妥当と認められる会計処理の基準」（税会計処理基準）に該当するといえるか否かについては，上記目的を有する同法固有の観点から判断されるものであって，企業会計上の公正妥当な会計処理の基準（公正処理基準）とされるものと常に一致することを規定するものではないと解するのが相当である。上記に関連して

控訴人が主張するところを踏まえて検討するも，同判断に変更を来すものではない。」と結論づけている。

## 5．裁判所の判断

　前述したように，昭和42年の税制改正の際には，税制の簡素化の一環として法人税法第22条第4項を置くことにより，課税所得と企業利益とは，税法上の別段の定めがあるものを除き，原則として一致すべきことが明確にされたものと考えられていた。その後，わが国の経済社会は大きく変容したことは周知のとおりである。現在では，国際財務報告基準の任意適用が行われる中で，企業会計の目指す方向性と法人税法の理念との違いによるギャップが広がる傾向にある。

　裁判所は，この事案で，第1に，何が公正処理基準であるか否かについては，法人税法はその目的や理念に従い独自の観点から判断されるものであり，「企業会計上の公正妥当な会計処理の基準とされるものと常に一致することを前提とするものではないと解するのが相当である。」という基本的な認識を示した。

　第2に，裁判所は，流動化実務指針そのものについて下記のような判断を下している。流動化実務指針は，投資者保護の目的という観点から，企業会計上，特別目的会社を利用した不動産の流動化取引における譲渡人の会計処理にかぎり，これを売却と認定する上での特別な基準を設けたにとどまるものという基本的な認識を示している。すなわち，流動化実務指針には「一般性」がないという点であり，特別な基準は課税の公平を失することになりかねないという考えに立つ。裁判所の法人税法第22条第4項の解釈から，公正処理基準は企業が会計処理において用いる基準ないし慣行であって，かつ，公平な所得の金額の計算等同法独自の観点からみてすべての納税者に画一的かつ統一的な規範となり得るものを意味することは

明白である。よって，この意味から，流動化実務指針に「規範性」はないとの判断である。

第3に，裁判所は，流動化実務指針による具体的な会計処理に言及している。流動化実務指針の「リスク・経済価値アプローチ」による収益の認識は，実現主義の範囲から外れた基準であるとし，実現主義（権利確定主義）の例外というべき同指針の取扱いを，「別段の定め」もなく認めることは，課税の公平という視点から認められないという厳しい見解を示している。

なぜ実現主義の例外と判断したのだろうか。流動化実務指針による取扱い，特に上記の流動化実務指針の要点で説明した③の取扱いは，信託財産である不動産が譲渡され，権利関係が移転し，その代金をすでに授受しているにもかかわらず，これを金融取引として取り扱うというものである。これは，単に収益の計上時期を問題とするのではなく，法人税法上の所得の認識の前提となる納税者の締結した契約等の私法上の法律関係までも変更するものであるから実現主義（権利確定主義）の範囲外とするのである。上記③の取扱いは，法人税法第22条第2項に規定する資産の有償譲渡による収益であることから，流動化実務指針により要請される会計処理であっても，法人税法上の基本的な取扱いを変更することはできないという考え方である。

以上の結果，流動化実務指針にいう上記③譲渡した不動産のリスクと経済価値のほとんどすべてが譲受人である特別目的会社を通じて，他の者に移転していなかったため，金融取引としての処理は公正処理基準として認められないという判決となった。法人税法では，親子会社間の取引であっても第三者間の売買取引と同様に扱うのが原則であり，すでに実現した収益を次期以降に繰り延べる旨の規定はない。

## 6　結びに代えて

　本章では，法人税法第22条第4項にいう公正処理基準の解釈について，その制定経緯を概観し，課税所得の計算構造と公正処理基準の位置づけを確認した上で，2つ判例を手掛かりに若干の考察を試みたものである。

　公正処理基準は，昭和42年に税制簡素化の一環として創設されたのであり，その趣旨は企業利益と課税所得の計算の関連を法的に明確化することであった。したがって，企業利益と課税所得の算定は，「別段の定め」を除き原則として一致することが求められた。これは，企業の行った会計処理のうち一般に公正妥当と認められないものについては法人税法においても認めないこととし，税法は原則として企業の行った会計処理を容認するというものである。しかし，時代は変わり，検討した2つの判例（平成5年のいわゆる大竹貿易事件とこの判決を踏まえた平成25年の不動産流動化実務指針の公正処理基準の該当性）で示されたことは，裁判所が公正処理基準への該当性を法人税法の目的や理念に従い税法独自の観点から判断しており，企業会計でいう公正妥当な会計処理の基準と常に一致することを前提とするものではないという立場を採っていることであった。

　昨今，経済活動のグローバル化の進展に伴い企業の行う取引が複雑かつ多様化し，これに対応するための会計基準や実務指針等が次々に公表されている。このような状況の中で，法人税法は，新たに公表された会計基準等に対して「別段の定め」を立法することにより対応しているが，すべての領域を網羅しているわけではない。

　平成25年の不動産流動化実務指針が公正処理基準に該当するか否かを問うた裁判は，一つの示唆を与えてくれた。それは，会計基準や実務指針等が新たに公表され，「別段の定め」が立法されていないような場合，適

# 第5章
## 法人税法第22条第4項にいう公正処理基準の再検討

用する会計基準や実務指針等が公正処理基準に該当するか否かを，法人税法固有の観点から，企業自身が慎重に検討する必要があるという点である。

### 注

1) 中里（1983），p.62。
2) 経済安定本部企業会計基準審議会（1952），第一参照。
3) 番場（1967），p.6。
4) 武田（2001），p.49。
5) 税制調査会（1966），p.42。
6) 税制調査会（1966），p.43。
7) 国税庁（1967），p.76。
8) 渡辺（2012），pp.114-115。
9)「別段の定め」は，法人税法典中の主要な部分を占め，いわば法人税法の本体といえる。さらに，租税特別措置法等の法人税法典外の規定も，別段の定めに含まれる。別段の定めは，日本における法人税法の研究教育の主たる対象とされ，また実務や紛争においても中心的位置を占めてきた（岡村 2008，p.34）。
10) 法人税法第22条第4項が「確認規定」か「基本規定」という点について，多くの議論がなされてきた。確認規定説に立つ研究者は多く，例えば，忠佐市教授は，「法22条4項は，確認規定であって創設的規定ではないはずである。すなわち，この規定が追加される以前と以後とにおいて，租税法令に規定がない事項は，健全な簿記会計の慣習によって解釈されるべきだと解されることについて差異はないと考えられるのである。」と述べられている（忠 1973，pp.156-157）。また，武田昌輔教授は，「公正処理基準は収益，損費の算定をするための規定であるが，これをもって基本的規定であるとする考え方は適当でない。要するに，税法の空白とされていた部分について公正処理基準という拠り所が規定されたのである。この部分は，税法の介入すべき区域でないことを明らかにした点に，基本的には従来とは異なっていないと理解すべきであるとしても，これが明確化されたという意味においては重要な意義があるといえよう」と述べられ，補完的な役割をもつとされている（武田 1970，p.132）。確認規定説に立つ主な論者として，中里（1983，p.1596），武田（1978，p.744）がある。また，酒井克彦教授は，近時の最高裁の判断では同条項に積極的な意味合いをもたせていること，有力な学説が納税者の権利救済機能をも同条項から見出されるべきと主張していることから，確認的規定としての妥当性に疑問を投げかけている（酒井 2013）。

11) 会計の領域では，日本の制度会計はトライアングル体制をとっていると解されているが，租税法の領域では次のように考えられている。①会社法第431条の「株式会社の会計は，一般に公正妥当と認められる企業会計の慣行に従うものとする。」という規定および同法第614条の「持分会社の会計は，一般に公正妥当と認められる企業会計の慣行に従うものとする。」という規定，ならびに，②法人税法第74条第1項の確定申告は「確定した決算」に基づき行うべき旨の規定を総合してみると，我が国の法人税法は，企業所得の計算についてまず基底に企業会計があり，その上にそれを基礎として会社法の会計規定があり，さらにその上に租税会計（筆者注：税務会計）がある，という意味での「会計の三重構造」を前提としている（金子 2013, pp.298-299。)

12) 公正処理基準の解釈を巡って，日本税法学会で積極的な議論が展開されている。日本税法学会誌『税法』第202号（昭和42年）では，法人税法第22条4項の解釈について検討している。この点については，清水（1967），山田（1967）を参照。その後，第204号には「法人税法22条4項の解釈論及び立法論」というテーマで昭和42年11月にシンポジウムが開催され，大会記録が掲載されている。また，最近では，日本私法学会主催のシンポジウム「企業会計の諸様相－規範性と国際性の調和」（西山ほか2013, pp.103-152) が紹介されている。同シンポジウムの報告者資料は，片木（2012）を参照のこと。

13) 金子（2013），p.296。

14) 金子（2013）。

15) 原（2008）。

16) 通達とは，上級行政庁が法令の解釈や行政の運用指針などについて，下級行政庁に対してなす命令ないし指令であるという（金子 2013, p.95）。また，通達に定める取扱いは，その会計処理が一般社会通念に照らして公正妥当なものであり，それが企業会計における慣行となっていると認められる場合には，その取扱いは公正処理基準に該当するという研究がある（原 2007）。

17) 原（2007）を参照。

18) 中里（1983），pp.1587-1588。

19) 判例に関する挿入部分は，最高裁判所『最高裁判所民事判例集』第47巻9号，pp.5278-5422より抜粋したものである。本判決の評釈は，綿引（1995），川端（1995），小塚（2011），川口・古矢（2004），佐藤（1994），酒井（2010），酒井（2013b, 2013c），などを参照。

20) 権利確定主義のもとにおける「権利の確定」の具体的な意義については，取引の類型や態様に応じて適切な基準を設定する必要がある。例えば，法人税法基本通達2-1-1では，「たな卸資産の販売による収益の額は，その引渡しがあった日の属する事業年度の益金の額に算入する」と定めており，企業会計原則でいう販売基準とほぼ同義である。同通達

では,「販売し」ではなく,「引渡し」を収益の計上の具体的な基準としており,引渡基準として適正か否かは,客観的または現実的な法律上または会計処理上の「引渡し」に該当するかどうかの検討を要する。また,法人税基本通達2-1-2では,「引渡しの日」の具体的な例示として,企業会計においても採用されている出荷基準,検収基準,検視日基準等が示されており,取引の経済的実態に適した合理的な基準が選択されるべきである。企業は,たな卸資産の種類,性質,販売契約の内容等により合理的な基準を選択し,これを継続的に適用することにより当該事業年度の期間損益は正しいとされるのであり,ここに恣意的な要素の介入は排除されることが求められる。同通達では,引渡しの日の判定ついては,法律上の引渡しの概念にとらわれることなく,個々の具体的な取引における一定の条件等が満たされたときに収益が実現したと判定すべきであるとする。

21) 綿引 (1995), p.224。
22) 綿引 (1995), p.219。
23) 岡村 (2008), p.38。
24) 金子 (2013), p.297。
25) 判例に関する挿入部分は,法務省大臣官房訟務部『訟務月報』第60巻5号,pp.1089-1138より抜粋したものである。
    また,本判決の評釈は,和泉 (2014),末永 (2014),酒井 (2010) を参照。
26) 日本公認会計士協会 (2000)。
27) 末松 (2014), p.62。

### 参考文献

和泉彰宏 (2014)「信託受益権の譲渡を含む不動産流動化取引に係る法人税法上の会計処理の変更と更正請求の拒否」『税務事例』Vol.46 No.5。

岡村忠生 (2008)『法人税法講義 (第3版)』法学叢書5。

角田享介 (2014)「法人税法22条4項に関する一考察:企業利益概念の変革と公正処理基準の解釈の観点から」『税務大学校論叢』No.79。

片木晴彦 (2012)「公正妥当と認められる会計慣行および会計基準」旬刊『商事法務』No.1974。

金子宏 (2013)『租税法 (第18版)』弘文堂。

金子宏 (2010)『所得税・法人税の理論と課題』社団法人日本租税研究協会。

川口浩・古矢文子 (2004)「益金の額 収益の計上時期」『税経通信』Vol.59 No.15。

川端康之 (1995)「法人税法における収益の計上時期-権利確定主義に関する二つの最高

裁判例」『判例時報』No.1512。
経済安定本部企業会計基準審議会（1952）「税法と企業会計原則との調整に関する意見書」。
国税庁（1967）『昭和42年改正税法のすべて』。
小塚真啓（2011）「輸出取引にかかる収益の計上時期：大竹貿易事件」『租税判例100選（第5版）』別冊ジュリストNo.207。
斉藤真哉（2009）「税務法制とIFRS」『別冊企業会計IFRS導入の論点』中央経済社。
酒井克彦（2010）「過去事例から学ぶ税務訴訟⑨大竹貿易事件」『会社法務A2Z』No.42。
酒井克彦（2013a）「法人税の事例研究（第3回）公正妥当な会計処理の基準の意味するもの（下）法人税法における「課税標準」の計算構造－」『税務事例』Vol.45 No.6。
酒井克彦（2013b）「法人税の事例研究（第4回）法人税法22条4項にいう公正処理基準の法規範性（上）エス・ブイ・シー事件及び大竹貿易事件における最高裁判断を素材として」『税務事例』Vol.45 No.7。
酒井克彦（2013c）「法人税の事例研究（第5回）法人税法22条4項にいう公正処理基準の法規範性（下）エス・ブイ・シー事件及び大竹貿易事件における最高裁判断を素材として」『税務事例』Vol.45 No.8。
酒井克彦（2013d）「過去の事例から学ぶ税務訴訟㊺不動産流動化実務指針が法人税法22条4項にいう公正処理基準に当たらないとした事例」『会社法務A2Z』NO.80。
佐藤孝一（1994）「輸出取引に係る収益の計上時期（船積日基準の合理性・妥当性）」『税経通信』第49巻3号。
品川芳宣（2000）「会計基準の変革と課税所得」『税経通信』Vol.55 No.5。
品川芳宣（2009）「企業会計基準のコンバージェンスと法人税法の論点」『企業会計』Vol.61 No.4。
品川芳宣（2010）「IFRSの任意適用に向けて(7)IFRS導入と法人税法との関係」『旬刊商事法務』No.1891。
品川芳宣（2013）「金融商品（信託受益権）に係る収益配当金の収益計上時期（東京地裁平成24年11月2日判決）」『税研』Vol.29 No.4。
清水敬次（1967）「法人税法22条4項の規定について」『税法学』No.202。
社団法人日本租税研究協会（2010）「税務会計研究会報告書　企業会計基準のコンバージェンスと会社法・法人税法の対応」2月。
社団法人日本租税研究協会（2011）『税務会計研究会報告書　企業会計基準のコンバージェンスと法人税法の対応』11月。
末永英男（2014）「「実務指針」は公正処理基準たり得るか？：東京高裁平成25年7月19日判決を題材にして－」『会計専門職紀要』（熊本学園大学大学院）。
須貝修一（1968）「法人税法二二条四項」『法学論叢』Vol.82 NO.6。

税制調査会（1966）『税制簡素化についての第一次答申』12月。
武田昌輔「一般に公正妥当と認められる会計処理の基準」『税務大学校論叢』No.3。
武田昌輔（2001）『武田昌輔税務会計論文集』森山書店。
武田隆二（1978）「税務会計の基礎（2）」『會計』Vol.113 No.5。
忠佐市（1973）『決算利益と課税所得』森山書店。
忠佐市（1977）『租税法要綱』森山書店。
中里実（1983）「企業課税における課税所得算定の法的構造（1）」『法学協会雑誌』Vol.100 No.1。
中里実（1983）「企業課税における課税所得算定の法的構造（5・完）」『法学協会雑誌』Vol.100 No.9。
西山芳喜・片木晴彦・久保大作ほか（2013）『私法』第75号。
日本公認会計士協会（2000）「会計制度委員会報告第15号 特別目的会社を活用した不動産の流動化に係る譲渡人の会計処理に関する実務指針」7月31日。
日本公認会計士協会（2014）「平成27年度税制改正意見書・要望書」6月。
日本税理士会連合会税制審議会（2008）『企業会計と法人税制のあり方について：平成19年度諮問に対する答申』3月17日
原省三（2008）「公正処理基準に関する一考察—最近の我が国の企業会計制度の変容を踏まえて」『税務大学校論叢』No.58。
番場嘉一郎（1967）「税法と企業会計との調整に関する意見書「総論」について：税法および課税所得計算の基本的なあり方」『會計』Vol.91 No.1。
法務省大臣官房訟務部（2014）『訟務月報』Vol.60 No.5。
松沢智（1999）『新版租税実体法（補正版）』中央経済社。
弥永真生（2008）「コンバージェンスと受容：金融商品取引法・会社法の観点から」『企業会計』Vol.60 No.4。
弥永真生（2009）「会社法制とIFRS」『IFRS導入の論点』中央経済社。
弥永真生（2006）「会計基準の設定と「公正ナル会計慣行」」『判例時報』No.1911。
山田次郎（1967）「法人税法22条4項と商法の計算規定との関係」『税法』No.202。
渡辺淑夫（2012）『法人税法（平成24年度版）』中央経済社。
綿引万里子（1995）「1. 船荷証券が発行されている商品の輸出取引による収益を船積みの時点で計上する会計処理と一般に公正妥当と認められる会計処理の基準，2. 船荷証券が発行されている商品の輸出取引による収益を取引銀行による荷為替手形の買取りの時点で計上する会計処理と一般に公正妥当と認められる会計処理の基準」『法曹時報』Vol.47 No.12。

# 第6章

## IFRS会計思考の展開にみる統合報告の可能性

## 1　はじめに

　財務報告の目的は，将来のキャッシュフローの評価に有用な情報を提供することにある。国際財務報告基準（International Financial Reporting Standards：IFRS）を個々に検討してみると，キャッシュフローを基礎とした認識および測定の考え方が浸透してきており，国際会計基準審議会（International Accounting Standards Board：IASB）の概念フレームワークの見直し作業から，その会計思考を抽出することができる。そこでの認識規準の特徴は将来キャッシュフローを織り込んでの認識領域の拡大化であり，それに伴って測定可能性が重視されるようになっている。蓋然性規準において閾値に達していない，例えば，ある事象の発生確率が50％にも満たないリスクを伴う事象の場合でも，財務諸表への計上の可能性を認識時点では排除せず，測定値を計算する中で認識に伴うリスクを逓減させることができれば財務諸表に計上している。つまり，IFRS会計思考は，認識規準と測定規準の連携強化を図って，財務諸表に計上できる事象を広げると同時に，リスクが高すぎて財務諸表に計上できていない事象との一体的な説明を可能にしている。

　本章では，IFRS会計思考と統合報告の関係を明らかにしてみる。そのために，まずIFRS会計思考の特徴を整理し，次に統合報告の制度と開示実態の国際的動向を紹介した上で，IFRS会計思考が統合報告に与える影響について検討して，統合報告の課題と可能性を明らかにする。IFRS会計思考は，統合思考に基づく組織内外でのコミュニケーションのプロセスである統合報告との適合性が認められる。それは，統合思考が組織の短期，中期および長期の価値創造を包括的な観点から捉えた意思決定および行動の前提となる考え方であるため，統合報告では財務諸表以外の情報の必要

性に加えて，財務諸表との一体的な説明を可能にする統合的な表示・開示が求められているからである。

## 2　IFRS会計思考の特徴

### 1．財務報告の目的とリスクを伴う会計事象

　財務報告の目的は，企業への将来の正味キャッシュインフローの見通しを評価するのに役立つ情報を提供することである。一方，企業は，キャッシュフローの金額と時期を変えるために効果的な行動をとって，予想されない必要性や機会に適応できる能力，すなわち財務弾力性（financial flexibility）を高める必要がある。つまり，企業にとっては，現金創出能力を有することが重要であって，将来のキャッシュフローは，リスクあるいは不確実性を伴う事象を通して影響を受けるようになる。

　ある事象に関して，蓋然性（発生確率）とその影響度（キャッシュフロー）が決定できるようになると，これらの確率分布が求められて認識が可能となる。この確率分布では，当該事象の発生の可能性の範囲にわたってリスクが発生する見込みが決定され，不確実性が逓減していく。つまり，会計事象は，リスクを伴う事象であると考えることができ，発生可能性が高い将来キャッシュフローを単一の数値で示した見積キャッシュフロー，あるいは発生可能性のある将来キャッシュフローの確率加重平均である期待キャッシュフローをもって認識することができる。ここでの特徴は，キャッシュフローの見積・予測を損失認識（例えば，資産の評価損や負債の早期の予測計上）の方向に適用し，利得認識（例えば，資産の評価益）の方向には容易に適用しようとしていないことである。

　発生可能性が高い事象は，影響度の高低に関係なく最頻値をもって認識

された後で財務諸表に計上できるようになる。一方，発生可能性が低い事象であっても，現在価値測定の活用によって財務諸表に計上できるようになってきている。それは，測定と認識が同時に行われる経済性規準が採用されるようになってきているからである。例えば，認識時において見積ったキャッシュフローが期待値から大きく乖離している場合，あるいは事象の発生確率の閾値が 50％を下回っているような場合には，測定値の計算で当該リスクを逓減することで財務諸表に計上する。

期待キャッシュフロー技法を用いた高いリスクを伴う会計事象の測定では，将来キャッシュフローの見積り，その見積りの変動の可能性に関する評価，貨幣の時間的価値，およびリスク・プレミアム等に係るリスク調整を行って公正価値が忠実に表現できるようにしている。つまり，認識に伴うリスクが高い場合には，測定値の計算でリスク調整を行うことで認識に伴うリスクを逓減させてから財務諸表に計上しているのである。それでも財務諸表に計上できなかった事象，すなわち依然として不確実性が生じている会計事象は，注記か「事業等のリスク」等の財務諸表以外で記載されるようになる。

このように，リスクを伴う会計事象は，財務諸表に限らずに開示されており，特定の事象については相互に関連し合うために本来なら有機的に結びつくものである。しかし，実際には分断開示されているため，財務報告の目的適合性と理解可能性を十分に高めるには至っていない。そこで，財務諸表の内外のリスクを伴う会計事象の統合的な表示・開示のあり方を検討していく必要性が生じてくる。例えば，財務諸表と財務諸表以外の情報を主要リスク評価指標（KRI）などを用いて有機的に結合させて，重要なリスクを伴う会計事象についての明瞭かつ簡潔な表示・開示を可能にできる。

## 2. リスク概念の整理

不確実性（uncertainty）は，当該情報が十分に提供されている場合において，多くは蓋然性（probability）の観点から考察される。蓋然性は，事象の発生に基づいていることから，その事象のアウトカムへの影響がなければならない。その影響は，発生の原因と説明を基に決定することができる。原因，説明および影響について，例えば，目を閉じたまま道を渡ると，ほぼ確実に怪我をすることになる，というように説明することができる。

図表6－1では，不確実性，蓋然性，影響およびアウトカムの観点から，リスク概念を説明している。発生の蓋然性，要因および影響が決定されると，確率分布が求められることになり，リスクが確定する。この大きさを

図表6-1　リスクの概念

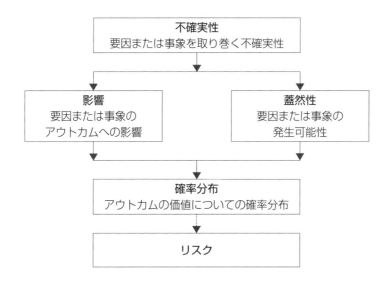

出所：Merna and Al-Thani（2008），p.8の図表2.1を加筆修正。

測定する一つの指標として，確率分布の標準偏差（または分散）が用いられる。確率分布からは，発生の可能性の範囲にわたってリスクが発生する見込みが決定され，そうして当該事象に関する不確実性が逓減していく。ここでいう不確実性は，予測（prediction）ではあるが，データまたは経験に基づかない予言（prophecy）とは異なっている。予測は，通常，データあるいは経験に基づいており，そのため潜在的なリスクの基礎を提供する。

アウトカムは，組織の事業活動とアウトプットによってもたらされる資本の内部的および外部的な帰結である。内部的な帰結とは，例えば，従業員のモラルや組織の評判であり，一方，外部的な帰結とは，例えば，製品・サービスから得る顧客の便益，雇用や納税による地域経済への貢献，および環境への影響である。帰結には，資本の正味の増加がもたらされることによって価値が創造されるポジティブなものと，資本の正味の減少がもたらされることによって価値が減少，または毀損されるものがある[1]。

## 3．認識規準におけるリスク

図表6－2を用いて，認識規準とリスクとの関係を説明してみる[2]。資産・負債A，資産・負債B，および資産・負債Cのそれぞれから生じるキャッシュフローの最頻値と期待値はどれも70千円と同じではあるが，そこでのリスクの程度は異なり，認識規準も異なってくる。

資産・負債Aについては，70千円のキャッシュフローが発生する確率が100％であり，これは，これまで最も正しく理解されてきた認識規準である現金規準を示している。ここでは，すでに生じている実際のキャッシュフローを伴う取引・事象のみが認識され，売掛金や支払手形などの債権債務が認識されることはない。一定期間に現金の受取りおよび支払いがあれば計上し，それらがなければ計上しないので，現金規準は明瞭であり，そ

## 第6章 IFRS会計思考の展開にみる統合報告の可能性

### 図表 6-2 財務諸表における認識基準とリスク

**資産・負債 A（現金規準）**

| | キャッシュフロー（千円） | 発生確率 | キャッシュフロー × 確率 | キャッシュフロー － 期待値 | (キャッシュフロー － 期待値)の2乗 | (キャッシュフロー － 期待値)の2乗×確率 | |
|---|---|---|---|---|---|---|---|
| 最頻値 | 70 | 100% | 70.0 | 0 | 0 | 0 | |
| | | 期待値 | 70.0 | | 分散 | 0 | |
| | | | | | 標準偏差 | 0 | リスクフリー |

**資産・負債 B（発生規準）**

| | キャッシュフロー（千円） | 発生確率 | キャッシュフロー × 確率 | キャッシュフロー － 期待値 | (キャッシュフロー － 期待値)の2乗 | (キャッシュフロー － 期待値)の2乗×確率 | |
|---|---|---|---|---|---|---|---|
| | 75 | 10% | 7.5 | 5 | 25 | 2.5 | |
| 最頻値 | 70 | 80% | 56.0 | 0 | 0 | 0.0 | |
| | 65 | 10% | 6.5 | -5 | 25 | 2.5 | |
| | | 期待値 | 70.0 | | 分散 | 5.0 | |
| | | | | | 標準偏差 | 2.2361 | リスク小 |

**資産・負債 C（期待キャッシュフロー規準）**

| | キャッシュフロー（千円） | 発生確率 | キャッシュフロー × 確率 | キャッシュフロー － 期待値 | (キャッシュフロー － 期待値)の2乗 | (キャッシュフロー － 期待値)の2乗×確率 | |
|---|---|---|---|---|---|---|---|
| | 85 | 12% | 10.2 | 15 | 225 | 27.0 | |
| | 80 | 13% | 10.4 | 10 | 100 | 13.0 | |
| | 75 | 16% | 12.0 | 5 | 25 | 4.0 | |
| 最頻値 | 70 | 18% | 12.6 | 0 | 0 | 0.0 | |
| | 65 | 16% | 10.4 | -5 | 25 | 4.0 | |
| | 60 | 13% | 7.8 | -10 | 100 | 13.0 | |
| | 55 | 12% | 6.6 | -15 | 225 | 27.0 | |
| | | 期待値 | 70.0 | | 分散 | 88.0 | |
| | | | | | 標準偏差 | 9.3808 | リスク高 |

こでのリスクは生じない。

　資産・負債Bについては，65千円〜70千円の範囲でキャッシュフローが発生する可能性があり，その発生確率は10%か80%である。ここでは，

発生確率が80％の最頻値である70千円でもって認識する。これは，これまで多くの会計文献の中で説明されてきたが，正確には理解されていなかった発生規準を示している。この規準では，現金の受取りおよび支払いがあった取引・事象を認識するほかに債権・債務も認識する。つまり，まだ実際のキャッシュフローは生じてはいないが，商品が販売あるいは所有権が移転していて蓋然性の高い見積キャッシュフロー[3]（80％の最頻値70千円）を伴う取引・事象を認識するのである。ここでは，売掛金，支払手形，未払費用，未収収益などの費用未支出項目や収益未収入項目などが認識され，また，配分手続きによって原価（費用）の配分を行うため，引当金のような見積りによる計上も認められることになる。発生規準では，その蓋然性が高く，そして期待値との乖離（標準偏差（または分散））は小さいのでリスクも小さい。

　資産・負債Cについては，55千円〜85千円の範囲でキャッシュフローが発生する可能性があり，それらの確率は12％〜18％の範囲である。しかし，70千円のキャッシュフローが生じる最頻値の場合でも，その発生確率は18％であり蓋然性は低い。したがって，これまでの伝統的な認識規準では資産・負債Cについては認識されてこなかった。この場合，それぞれのキャッシュフローに，その発生確率で加重平均した期待値の70千円のキャッシュフローを計算して，この70千円の期待値から乖離するリスク（標準偏差（または分散））が確定でたときには，現代では資産・負債Cが認識できるようになってきている。この期待キャッシュフロー規準では，標準偏差が9.3808であるため，発生規準で認識した資産・負債Bにおける標準偏差の2.2361の4倍ほどリスクが高いということができる。

## 3 認識・測定規準の再検討

### 1.認識規準と測定規準の連携

　意思決定は常に将来志向であるため，認識の尺度となったキャッシュフローは，現在出口価値を示す将来のキャッシュフローで測定し直す必要がある。現在出口価値は，将来の流入額および将来の流出額に関する現在の市場の期待を組み込んでいると考えられる。そのため，公正価値の定義では，資産を販売するために受け取る価格，または負債を移転するために支払う価格としての出口価値を強調している。

　資産とは，過去の事象の結果として企業が支配し，かつ将来の経済的便益が当該企業に流入すると期待される資源であり，負債とは，過去の事象から発生した企業の現在の債務で，その決済により，経済的便益を有する資源が当該企業から流出することが期待されるものである。したがって，資産と負債の定義は，経済的便益のインフローおよびアウトフローに関連付けて行われているので，企業に流入する，または企業から流出する経済的便益の流れに関する現在の市場の期待を表している現在出口価値，すなわち公正価値と整合している[4]。しかし，資産および負債を定義する際に用いられる用語である経済的便益の生じる可能性については，その閾値が明確に示されているわけでもないので，その定義と認識あるいは測定の際に考慮されるリスクとの関係は明らかではない。

　認識と測定の規準に係わるリスクには，何らかの連携があると考えられる。特に，発生確率で加重平均した期待値としてのキャッシュフローでの認識（図表6-2における資産・負債C）とその出口価値である期待キャッシュフローを用いた測定には連携がみてとれる。それは，期待キャッシュフロー技法を用いる資産または負債の公正価値測定では，市場参加者の観

点から測定日現在における(a)測定される資産または負債の将来キャッシュフローの見積り，(b)当該キャッシュフローに固有の不確実性を表すキャッシュフローの金額および時期の変動の可能性についての予想,(c)貨幣の時間価値，(d)当該キャッシュフローに固有の不確実性を負担するための価格，すなわちリスク・プレミアム，(e)その状況において市場参加者が考慮に入れるであろう他の要素に加えて，(f)負債については，当該負債に関する不履行リスクの要素を考慮していることから理解できる。その結果として，認識に伴うリスクがこれらの公正価値測定の要素に織り込むことができれば，蓋然性規準を追求しなくとも財務諸表に計上できるような場合が生じる。

## 2．認識規準

　財務諸表に計上するためには，財務諸表の構成要素の定義に基づいて記載されるだけではなく，認識規準に合致し，合理的に信頼できる測定が行えるという目的に適合していなければならない。IASBの概念フレームワークでは，信頼性という用語は，すでに使われなくなっているが，この概念の内容の大半は，忠実な表現という基本的な質的特性と検証可能性という補強的な特性で補われている[5]。図表6－2の資産・負債Cのように蓋然性が低い場合でも，発生の蓋然性，原因および影響の確率分布が忠実に表現され，かつ，それが検証可能であればリスクが確定できるため，認識および測定を行うことができるようになる。

　IFRSは，IASBの概念フレームワークを基礎としているので，事象に伴う将来の経済的便益が企業に流入または企業から流出する可能性が高くない場合には認識されないことになるので，すべての資産および負債を認識することを要求していないことになる。その結果，例えば，図表6－2の資産・負債Cのように発生の蓋然性，要因および影響が忠実に表現さ

れた確率分布が求められた場合でも，一番高い発生確率が18％しかないので認識されなくなる可能性が生じる。そこで，概念フレームワークを改訂することを目的としてIASBが2013年6月に公表した，討議資料「財務報告の概念フレームワークのレビュー」[6]では，認識規準から蓋然性への言及を削除することを提案している。

　現行の資産と負債の定義は，経済現象（資源および義務）に焦点を当てている。しかし，討議資料では，図表6－3の「③将来の経済的便益が当該企業に流入すると期待される資源」と「⑥その決済により，経済的便益を有する資源が当該企業から流出することが期待されるもの」が分かりにくいという問題点をあげている。その中でも，特に「期待される」とはどういう意味なのか曖昧であり，そして，それは認識規準における蓋然性（本章でのリスク概念に該当）とどのように関連しているのかが不明であると指摘している。

図表6－3　現行の資産と負債の定義

| 資　産 | 負　債 |
| --- | --- |
| ①過去の事象の結果として | ④過去の事象から発生した |
| ②企業によって支配し | ⑤企業の現在の債務で |
| ③将来の経済的便益が当該企業に流入すると期待される資源 | ⑥その決済により，経済的便益を有する資源が当該企業から流出することが期待されるもの |

図表6－4　提案されている資産と負債の定義

| 資　産 | 負　債 |
| --- | --- |
| 過去の事象の結果として企業が支配する現在の経済的資源 | 過去の事象の結果として企業が経済的資源を移転する現在の義務 |
| 経済的資源＝権利または他の価値の源泉で，経済的便益を生み出す能力があるもの ||

そこで，資産は過去の事象の結果として企業が支配する現在の経済的資源であり，負債は過去の事象の結果として企業が経済的資源を移転する現在の義務であると定義する提案を行っている（図表6－4を参照）。その結果，資産は，経済的便益の流入を生み出す能力がなければならないが，当該流入の可能性が高い（probable）か，当該流入がほぼ確実（virtually certain）である必要はない[7]。基礎となる資源が資産の定義を満たす時に，その蓋然性は，特定の最低限の閾値に達している必要はなくなる。負債も同様に，その蓋然性は基礎となる義務が負債の定義を満たす前に何らかの最低限の閾値に達している必要はなくなる。したがって，討議資料によって，図表6－2の資産・負債Cのような確率分布をもつ蓋然性が低い事象も認識できることが明確に示されたことになる。換言すれば，資産・負債AおよびBのように，ある一点の見積り（最頻値）である必要はなく，考え得る金額の範囲とそれに関連した確率，すなわちリスクが確定できれば認識ができるようになることが明らかにされた。

## 3. 測定規準

　財務諸表には，財務諸表の構成要素の定義に合致し，認識要件を満たす項目についての記述および金額が記載される。その財務諸表に含めるべき金額を決定するプロセスが測定である。測定の目的は，企業の資源，企業に対する請求権，および資源と請求権の変動に関して，並びに企業の経営者および統治機関が企業の資源を利用する責任をどれだけ効率的かつ効果的に果たしたのかに関して，目的適合的な情報を忠実に表現することである。最も目的適合性の高い測定では，資産がどのように将来キャッシュフローに寄与するのか，また負債をどのように決済または履行するのか，そして最終的にはその測定に係るコスト・ベネフィットを考慮していなければならない[8]。

## 第6章
### IFRS会計思考の展開にみる統合報告の可能性

　討議資料では，①原価，②公正価値を含む現在市場価格，および③その他のキャッシュフローを基礎とした測定に区分されている。現在市場価格には，例えば，公正価値とは認められない棚卸資産の正味実現可能価額が該当する。この3つの中から1つだけを測定の基礎とすることは最も目的適合性の高い情報を提供しない場合があるので，個々の資産については将来キャッシュフローにどのように寄与するのかによって，また個々の負債については企業が当該負債をどのように決済または履行するのかによって決められても，選択する測定の数は必要最小限としなければならない。

　①原価を基礎とした測定とは，多くの実物資産について使用されている減価償却控除後の取得原価，および取得原価または歴史的原価と一般的に呼ばれているものである。②公正価値を含む現在市場価格では，公正価値は，測定日時点で，市場参加者間の秩序ある取引において，資産を売却することによって受け取る価格，または負債を移転するために支払うであろう価格である。現在価値法を用いる資産または負債の公正価値測定では，市場参加者の観点から測定日現在における，(a) 測定される資産または負債の将来キャッシュフローの見積り，(b) 当該キャッシュフローに固有の不確実性を表わすキャッシュフローの金額および時期の変動の可能性についての予想，(c) 貨幣の時間価値，(d) 当該キャッシュフローに固有の不確実性を負担するための価格，すなわちリスク・プレミアム，(e) 流動性不足など，その状況において市場参加者が考慮に入れるであろう他の要素，(f) 負債については，当該負債に関する不履行リスクの要素を考慮する必要がある。そして，これらの要素のすべてが反映されているものが現在市場価格と考えられている。しかし，現在市場価格は，直接的に観察可能ではないことも多いため，必要な場合には (a) ～ (f) を考慮して見積らなければならない。

　③その他のキャッシュフローを基礎とした測定では，見積あるいは期待

キャッシュフローでの認識においてすでに前述の（a）は考慮しているので，これを除いた要素を考慮する必要がある。②公正価値を含む現在市場価格は，(a)〜(f)が反映されていると考えられるため，③その他のキャッシュフローを基礎とした測定と共に，広義にはキャッシュフローを基礎とした測定と考えることができる。さらに，①原価を基礎とした測定でも，金融資産および金融負債について使用されている償却原価測定も，広義にはキャッシュフローを基礎とする測定として説明することもできる。それは見直し後のキャッシュフローの見積りを固定した割引率を用いて割り引くことを伴うものだからである[9]。

　③その他のキャッシュフローを基礎とした測定とは，原価でも現在市場価格でもない将来のキャッシュフローの見積りを基礎としている測定である。それは，次のような場合に用いられている[10]。

　（ⅰ）償却原価で測定される金融資産，リース債権およびリース債務の減損
　（ⅱ）非金融資産の減損
　（ⅲ）棚卸資産の正味実現可能価額
　（ⅳ）引当金
　（ⅴ）退職後給付に係る負債
　（ⅵ）繰延税金資産および繰延税金負債

　③キャッシュフローを基礎とした測定は，(a) 取得原価および現在市場価格でも十分に目的適合性のある情報を提供しない場合，(b) 測定しようとしている項目に取得原価または入金額がない場合，(c) 現在市場価格の入手が非常に困難であるか，またはコストが高すぎる場合に用いられている。

　前述したとおり，この測定は既知の金額ではなく，多くの場合はその金

額と時期が見積られるため，例えば市場参加者が当該キャッシュフローに固有の不確実性に対する報酬として要求するであろう金額を反映するリスク・プレミアムを測定値に含めることにより，公正価値が忠実に表現できるようになる。

キャッシュフローに固有の不確実性の負担に対する価格は，リスクの程度に応じて決定される。例えば，期待キャッシュフローが100千円である2つの資産が，異なる確率分布をもつ場合には，大きく異なる結果を招くおそれがある。例えば，ある資産Dから0千円と200千円のキャッシュフローが生じる可能性があり，それぞれの確率が50％であると仮定する。もう一方の資産Eからは99千円と100千円のキャッシュフローが生じる可能性があり，それぞれの確率が50％であると仮定する。この場合，ほとんどの投資者は，資産Dには，リスクが高いため，資産Eの場合と同じ金額は支払わない。その差額がリスク・プレミアムになる。

## 4 統合報告の制度

### 1．統合報告の特徴

社会というコミュニティで抽出された課題に対して，その中の各主体が共鳴した上で，発信者と受信者の双方に何らかの取り組みの変化が現われて，はじめてコミュニケーションが意義あるものとなってくる。その点，財務報告には本質的には影響の双方向性の性格を有している。しかし，社会的課題を解決するという視点でみた場合には，単に財務報告が，ある主体から特定の相手に対して実績を重視した財務情報を発信して交流を促すという範囲に留まっていたのでは，共生価値の創出は望めない。共生価値の創出には，企業が事業を営む地域社会の経済条件や社会状況を改善しな

がら，自らの競争力を高める経営方針とその実行を伴う。そこでは，社会発展と経済発展の関係性を明らかにし，これらを発展・持続させることが重要である[11]。したがって，コミュニケーションのツールとしての財務報告では，アカウンタビリティに加えて，企業の構成員たる経営者あるいは従業員などが自らの活動に関する説明責任を果たすこと，すなわち，企業活動の説明責任（コーポレート・アカウンタビリティ）も明らかにされてこそ，情報の伝達が双方向に近づいていく。その結果，社会的責任投融資が促されていくことが考えられる（図表6−5を参照）。

図表6−5　コミュニケーションツールとしての統合報告

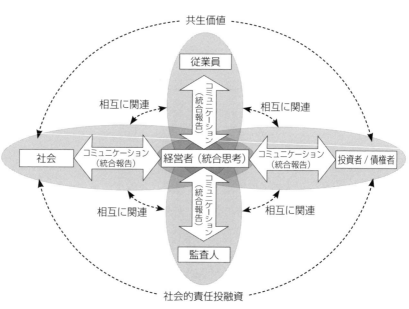

出所：小西（2012a），p.62。

これまでの投資者や債権者を主に対象とした財務諸表が中心の財務報告は，企業経営における重要事項，例えば経営戦略を伝達するプロセスというより，会計基準等の法令遵守のための財務情報を伝達するプロセスであるということができる。公表している多種多様な財務諸表以外の情報は，社会からの新しい情報開示の要請に対して既存の財務報告モデルに付加して作成したものなので，開示量が増大して複雑化しており，その目的適合性が低下している。したがって，財務報告の目的適合性を高めるためには，開示情報の整理と削減を目的とするだけではなく，情報の統合的な表示・開示というアプローチが必要となる。

　統合思考は，組織の短期，中期および長期の価値創造を包括的な観点から捉えた意思決定および行動の前提となる考え方であり，統合報告は統合思考に基づく組織内外とのコミュニケーションのプロセスである。したがって，統合報告は，経営者とステークホルダーとのコミュニケーションを促進して，20世紀型の財務報告モデルとして形成されてきた株主中心の短期的な企業価値向上志向を再考する契機を与える。

　統合報告書では，(a) 組織のビジネスモデルにおいて，(b) 重要性の高い要素，すなわち，財務資本，製造資本，知的資本，人的資本，自然資本，および社会的資本に分類できる組織の資源がどのように組み合わされ，そして関連しているかを用いて，(c) 組織の価値創造プロセスについての説明を行う。統合報告書の公表により，組織の価値創造プロセスが可視化され，組織の持続的な価値創造の取り組みが識別・評価できるようになる。それによって，①ステークホルダーの同等な扱いの保証，②実際的な将来予測情報の提供，③経営者の管理責任の説明，④良好なリスクマネジメントの促進による内部統制の拡充などの効果が得られて，財務報告の目的適合性の向上が図られる。

統合報告書において，重要な財務情報と非財務情報を選択し，これらの情報を主要業績評価指標（KPI）やKRIを通して有機的に結合させることにより，組織の価値創造の取り組みが忠実に表現できるようになる。そこでは，統合報告書の作成責任者が署名した書面を添付することや，あるいは第三者保証などを通して信頼性（creditability）を付与していかなければならない。KPIは目標がどの程度達成できたかを事後的に測定する指標であるのに対して，KRIはリスク発生の要因を指標化したものである。例えば，巨額の貸倒損失が発生するリスクに対しては，KPIには過去の貸倒損失の発生実績や貸倒率の推移などがあり，KRIにはその予兆となる主要な顧客の財務状況の変調や当該顧客の業界の倒産件数などの動向を指標化したものがある。

## 2．統合報告制度の国際的動向

　現状をみてみると，わが国においても，また国際的にみても統合報告の制度と実務が一様ではない。しかし，財務報告の目的適合性の向上を図るために，英国，米国およびIASBなどでは，それぞれの「統合報告書」をそれぞれの方法で位置づけて，21世紀型の新しい会計ディスクロージャー制度，すなわち統合報告制度の確立を目指している。

　英国での戦略報告書（Strategic Report：SR）とIASBでの経営者の説明（Management Commentary：MC）に係わる規程，およびに国際統合報告評議会（International Integrated Reporting Council：IIRC）の『国際統合報告フレームワーク』（<IR>フレームワーク）[12]が公表されるまでの経緯を整理してみると，それぞれの審議内容を考慮し合っているかのように公表されている。そこで，これらの公表までの経緯と3つの報告書の内容について検討してみる。米国では，Form10-Kや20-F等のSEC宛アニュアルレポートにおいて，財務諸表以外の特定の情報が求められていて，そ

こで「経営者による財政状態および経営成績の検討と分析」(MD&A) の作成も義務づけられている。財務諸表とそれら情報との統合については明示的に規定されてはいないが，当該情報は財務諸表を補足・補完する関係に位置づけて，統合報告の実際的な適用を図っている[13]。

現在，英国では，小規模を除く中規模および大規模の企業に対して上場の有無に関係なくSRの公表が義務づけられている。取締役報告書から独立した1つの報告書としてSRの公表が義務づけられるまで，すなわち2005年3月の営業および財務概況（Operating and Financial Review：OFR）から同年12月の事業概況（Business Review：BR），そして2006年11月のBRの改訂から2013年10月にSRの規程を公表するまでに，会社法の中で徐々に英国版の統合報告書の充実を図ってきている。OFRの公表は，会計基準審議会（Accounting Standards Board：ASB）によって1993年7月に任意で作成することが求められたのが最初であり，報告意見書「OFR」[14]の内容は，BRの規定にも組み込まれ，またSRのガイダンスを作成する際にも参考にされており，英国における統合報告制度確立の過程では，OFRは重要な役割を担ってきている。

この英国の動きに呼応するかのように，IASBはMCに関して，2005年10月に「討議資料」を公表してから，2009年6月に「公開草案」の公表を経て，2010年12月に「IFRS実務ステートメント」[15]の公表を行っている。MCが財務諸表を補足および補完する情報として位置づけられていることや任意開示としていることなど，これらを内容的に検討してみても，英国における一連の議論をMCで検討されていることがうかがえる[16]。

「IFRS実務ステートメント」の公表の4ヵ月後の2011年4月に，IIRCは「公開草案」[17]を公表し，「コンサルテーションドラフト」[18]の公表を経て，2013年12月に<IR>フレームワークを公表した。<IR>フレームワークが公表される2ヵ月前の10月に，英国ではSRの公表を義務づける決

定を下している。

　以上の整理から，IIRC，英国および IASB では，一連の互いの議論を考慮に入れてそれぞれの公表の作業を行っていることがうかがえる。<IR>フレームワークに準拠したものとなることが推奨されている SR の規定にも，<IR> フレームワークとはいくつかの相違点がみられる。SR は，財務的側面を重視した報告書であるという特徴があり[19]，<IR> フレームワークにある（a）基本概念にある価値創造に対応する規程，（b）価値創造プロセスを説明するのに重要な財務資本や社会資本を含んだ 6 つの資本概念に関する規定，および（c）期間的な一貫性や他の組織との比較可能性のある方法で表示することへの要求が SR の規定には存在しない。

　IASB では，MC に関する「IFRS 実務ステートメント」を公表することで MC の作成指針の提供を行い，最後まで議論された強制適用は見送って柔軟性のある適用を選択した。そこでは，MC は財務諸表と同じフレームワークの中で位置づけて，財務諸表との一体的な情報開示を図ろうとしているが，情報の結合までには議論が至っていない。「IFRS 実務ステートメント」を <IR> フレームワークと比較すると，「IFRS 実務ステートメント」には，信頼性と完全性の 2 つの説明原則とガバナンスおよびビジネスモデルの 2 つの内容要素が示されていない。これに対して，<IR> フレームワークでは見当たらない情報の質的特性が「IFRS 実務ステートメント」で説明されているのは，MC が財務報告の概念フレームワークの中で検討されていることの証である。

## 5 統合報告の開示実態

### 1. ベストプラクティスにみる開示実態

　わが国でも，また国際的にみても，様々な報告書の公表によって情報開示が充実してきている。そこでは，情報開示量の多さだけではなく組織のサイロ化の問題が指摘され，係る事態を打開するための新たなコミュニケーションツールとして統合報告書に注目が注がれている。さらには，web開示の活用によって，当該報告書間あるいは当該情報間の結合性を技術的には高めることができるため，統合報告の可能性が高まってきている。

　IIRCが公表している<IR>フレームワークでは，基本概念（fundamental concepts），説明原則（guiding principles）および内容要素（content elements）の3層に分けて，統合報告が説明されている。基本概念は，<IR>フレームワークでの要求とガイダンスの基礎となり，また補完となる考え方であり，組織と第三者に対する価値創造，資本，および価値創造プロセスの3つがある。説明原則は統合報告書の作成および表示の基礎となる考え方であり，内容要素は統合報告書での情報を分類する要素である。

　IIRCは，<IR>フレームワークの説明原則および内容要素を考慮して決めたベストプラクティス，すなわち最善な実務慣行を紹介している。それは，ホームページ（http://examples.theiirc.org/home）において，2014年1月15日時点でのベストプラクティスを公表していて，ベストプラクティスとして取り上げられている報告書の種類と公表されている地域の内訳を開示して，統合報告の国際的な開示実態を紹介している。それは，先進的な会計実務に取り組んでいる組織を調査して，その取り組みに成功している組織に係るベストプラクティスを紹介することで，他の組織が統合報告書

図表 6 − 6　ベスト・プラクティスの内訳

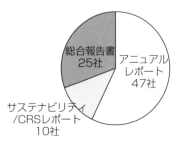

報告書の種類の内訳

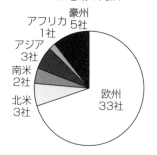

アニュアルレポート／レビューの地域の内訳

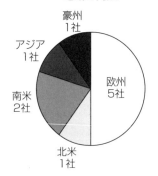

サステナビリティ／CRSレポートの地域の内訳

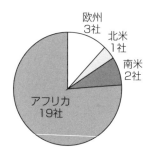

統合報告書の地域の内訳

の作成に必要な知識や方法を学べるからである。ベストプラクティス自体が最終的なガイダンスを提供するものではないが，IIRC は統合報告書を作成する際に，ベストプラクティスを参考にすることを推奨している。

　図表 6 − 6 で示すように，アニュアルレポート／レビューからベストプラクティスが選択されている企業数が 2010 年から 2013 年の 4 年間で 47 社と一番多く，次に統合報告書の 25 社からサステナビリティ /CSR レポー

トの10社へと続いている。

　アニュアルレポート／レビューから選ばれている47社の地域別の内訳は，欧州からの33社が突出して多く，10社が選ばれているサステナビリティ／CSRレポートでも欧州が半数を占めていて，北米からは極端に少ない。これらに対して，25社のベストプラクティスが選択されている統合報告書では，アフリカからの19社が全体の8割近くを占め，それは，2010年6月より南アフリカのヨハネスブルグ証券取引所が上場企業に対して統合報告書の提出を義務づけているからである。

　このようにベストプラクティスの分析からは，<IR>フレームワークの説明原則および内容要素に沿った記載は，アニュアルレポート／レビューで一番多く行われていて，10社と一番少ないながらもサステナビリティ／CSRレポートでも行われていることから，<IR>フレームワークに沿った記載は，統合報告書と銘打った1つの報告書によって行われているばかりではないことが明らかとなった。それは，統合報告は，アニュアルレポート／レビューとサステナビリティ/CSRレポートを結合した統合報告書をもって行われるという理解が唯一のものではないことも明らかにしている。

## 2. 説明原則と内容要素の分析

　個々のベストプラクティスが，どの説明原則と内容要素に係わっているかを分析することによって，統合報告の本質の理解を深めることができる。図表6－7は，2010年～2013年の4年間で，個々のベストプラクティスが，どの説明原則と内容要素に係わっているかについて集計したものである[20]。ベストプラクティスの個々の事例には簡単なコメントが付されていて，そこでは必ず1つの内容要素につき複数の説明原則が記載されている。つまり，ベストプラクティスは，当該情報がどの内容要素に分類でき

図表6－7　説明原則と内容要素に係わるベストプラクティス数

| 説明原則＼内容要素 | 組織概要と外部環境 | | ビジネスモデル | | リスクと機会 | | 戦略と資源配分 | | ガバナンス | | 業績 | | 見通し | | 合計 | |
|---|---|---|---|---|---|---|---|---|---|---|---|---|---|---|---|---|
| 期間 | 2010 | 2011〜2013 | 2010 | 2011〜2013 | 2010 | 2011〜2013 | 2010 | 2011〜2013 | 2010 | 2011〜2013 | 2010 | 2011〜2013 | 2010 | 2011〜2013 | 2010 | 2011〜2013 |
| 戦略的焦点と将来志向 | 1 | 26 | 1 | 11 | 0 | 10 | 1 | 32 | 0 | 3 | 1 | 12 | 0 | 4 | 102 | |
| 情報の結合性 | 0 | 27 | 2 | 13 | 0 | 14 | 0 | 27 | 0 | 3 | 1 | 10 | 0 | 3 | 100 | |
| ステークホルダー関係性 | 0 | 25 | 0 | 3 | 0 | 4 | 0 | 8 | 0 | 2 | 0 | 4 | 0 | 0 | 46 | |
| 重要性 | 2 | 9 | 1 | 0 | 0 | 8 | 1 | 8 | 0 | 0 | 0 | 2 | 0 | 0 | 4 | 27 |
| 簡潔性 | | 22 | | 15 | | 13 | | 20 | | 5 | | 9 | | 4 | | 88 |
| 信頼性と完全性 | 3 | 3 | 0 | 0 | 0 | 0 | 0 | 1 | 0 | 1 | 0 | 1 | 0 | 1 | 7 | |
| 一貫性と比較可能性 | 3 | 3 | 0 | 0 | 0 | 0 | 0 | 1 | 0 | 1 | 1 | 9 | 0 | 0 | 15 | |
| 合計 | 118 | | 46 | | 49 | | 99 | | 15 | | 50 | | 12 | | 389 | |

るかが決められてから，それがどうして最善の開示方法なのかを複数の説明原則を用いて説明しているのである。

　<IR>フレームワークでは，基本概念，説明原則および内容要素の3層に分かれている。基本概念は，<IR>フレームワークでの要求とガイダンスの基礎となり，また補完となる考え方であり，「組織と第三者に対する価値創造」，「資本」および「価値創造プロセス」の3つがある。説明原則とは，統合報告書の作成および表示の基礎となる考え方であり，「戦略的焦点と将来志向」，「情報の結合性」，「ステークホルダー関係性」，「重要性」，「簡潔性」，「信頼性と完全性」，「一貫性と比較可能性」の7つがある。9つある内容要素の中で統合報告書の情報を分類する要素は，「組織概要と外部環境」，「ビジネスモデル」，「リスクと機会」，「戦略と資源配分」，「ガ

バナンス」,「業績」,「見通し」の7つである。

　内容要素は「個々には基本的に互いに関連していて排他的ではない」ので，内容要素に関するベスト・プラクティス数の多少は余り考慮に入れる必要がないのかもしれない。図表6－7では，「組織概要と外部環境」に加えて「戦略と資源配分」に分類できる内容要素に係わるベスト・プラクティス数（118と99）が突出して多く，「ガバナンス」と「見通し」の数（15と12）は突出して少ない。それは，「ガバナンス」に関する情報は，コーポレートガバナンス報告書等を通して詳細に開示されており，「見通し」に関しては，その具体的な記載が容易ではないと考えられる。

　図表6－7では，「戦略的焦点と将来志向」,「情報の結合性」および「簡潔性」の3つの説明原則が理由で選ばれたベスト・プラクティス数（102と100と88）が突出して多い。「戦略的焦点と将来志向」とは，組織の戦略について，そしてその戦略がどのように組織の短期，中期および長期の価値創造能力や資本の利用および資本への影響に関連するかについての示唆を提供することであり，「情報の結合性」とは，要素間（内容要素間や定量的情報と定性的情報の間など）の組合せ，相互関連性，および相互依存関係の記載であり，「簡潔性」とは，簡潔に記載することである。「戦略的焦点と将来志向」の説明原則は，「戦略と資源配分の内容要素および見通しの内容要素に限定されるものではなく，その他の内容要素にも適用される」ため，説明原則総数の26.2％と一番多くの割合を占めたと考えられる。次に25.7％を占める情報の「結合性」の説明原則は，統合報告では「内容要素間の結合性を示すことが重要である」ため，そして23.7％を占める「簡潔性」の説明原則は，すべての内容要素に求められるものであるために，これら3つの説明原則に係わるベストプラクティス数が多いと考えられる。

　また，図表6－7では，「ステークホルダー関係性」の説明原則が少な

図表6-8 説明原則に関連する内容要素

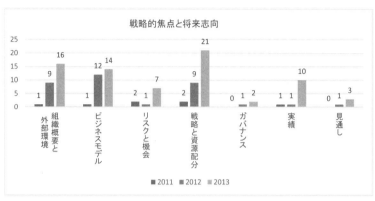

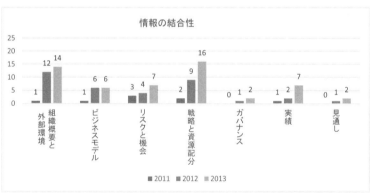

# 第6章
## IFRS会計思考の展開にみる統合報告の可能性

い中でも，内容要素の「組織概要と外部環境」との組み合わせ数（25）が多いことから，組織概要と外部環境を記載する上では，ステークホルダーとの関係性を説明することが大切であることが理解できる。

統合報告書の作成および表示の要となる考え方は，これまでの分析から「戦略的焦点と将来志向」，「情報の結合性」，「簡潔性」の3つの説明原則であることが明らかとなったので，図表6－8において，この3つの説明原則が理由で選ばれた2011年〜2013年の各年での内容要素の推移を示してみた。

「戦略的焦点と将来志向」の説明原則が理由で選ばれた内容要素では，「組織概要と外部環境」，「ビジネスモデル」，「戦略と資源配分」の総数が多く，毎年増加していることが分かる。換言すれば，「組織概要と外部環境」，「ビジネスモデル」および「戦略と資源配分」の記載では，戦略的な焦点を将来志向で説明する必要があるということである。「情報の結合性」の説明原則が理由で選ばれた内容要素では，「組織概要と外部環境」，「ビジネスモデル」，「リスクと機会」，「戦略と資源配分」，「業績」が増加傾向にあり，この中でも「組織概要と外部環境」と「戦略と資源配分」の内容要素の総数が特に多いことが分かり，「簡潔性」の説明原則が理由で選ばれた内容要素でも同様な結果が得られる。

内容要素は情報の記載内容であり，説明原則はその情報を表示するための考え方である。「組織概要と外部環境」は，組織は何を行うのか，またどのような環境において事業を営むのかについての記載であり，「戦略と資源配分」は，組織はどこへ向かおうとするのか，また，どのようにそこに辿り着くのかについての記載である。そのため，これら2つの内容要素の記載には，「戦略的焦点と将来志向」の考え方を反映する必然性が生じ，そこでは「情報の結合性」と「簡潔性」も常に考慮に入れておく必要がある。

## 3. 日本での開示実態

　わが国では，ディスクロージャー制度の充実・強化のために，2003年3月の企業情報の開示制度に関する内閣府令改正により，2004年4月以降の有価証券報告書において，3つの情報開示が求められるようになった。それが現在の「事業等のリスク」，「財政状態，経営成績及びキャッシュ・フローの状況の分析」および「コーポレート・ガバナンスの状況等」である。

　有価証券報告書には，これら以外にも財務諸表を中心に，事業の内容，従業員の状況，役員の状況，経営上の重要な契約等，研究開発活動，設備の新設・除去等の計画などの多くの情報が記載されている。有価証券報告書以外にも，証券取引所の自主規制に基づく適時開示である決算短信，そしてCSR報告書，知的財産報告書，経営理念と経営ビジョン，中期経営計画などが公表されている。

　財務情報と非財務情報に整理してみると，財務情報には，財務諸表（注記を含む）および決算短信における決算情報と業績予測などが該当している。他方，非財務情報には，「事業等のリスク」，「財政状態，経営成績及びキャッシュ・フローの状況の分析」，「コーポレート・ガバナンスの状況等」などの法定開示情報に加えて，CSR報告書や知的財産報告書などの任意開示情報などが該当する。これらの非財務情報の中には，定量情報と定性情報，あるいは実績情報と予測情報が混在している。

　例えば，「事業等のリスク」の記載に多いのは，企業にとって将来的に悪い影響を及ぼす定性的なリスク情報である。この多くは，当該企業に固有のものというより，多くの企業にも該当する経済全般にかかるものであり，リスク情報が実際にどれくらい当該企業の財務諸表の数値に悪影響を及ぼすかの判断が困難である[21]。しかし，KPIやKRIなどを用いて財務的な影響を判断できる記載にすれば，財務情報として扱うことが可能になる。KPIとKRIは，事業目標の達成に向けて業績をモニタリングするた

めに設定された指標である。また,「財政状態経営成績及びキャッシュ・フローの状況の分析」では,財務諸表の数値を用いた定量分析が少なからず行われている。したがって,これらの情報は,財務諸表外情報に区分はできても,財務情報か非財務情報かに明確に区分できるわけではない。

<IR>フレームワークでは,統合報告書は統合報告プロセスの結果としての成果物であると説明されており,実際には統合報告書あるいは統合報告レポートとして銘打って公表していない場合も多く,その名称と内容は多岐にわたっている。そこで,ここでは,ESGコミュニケーション・フォーラムが公表している「国内レポート情報」企業リスト(2014年5月1日時点)に掲載されている「統合報告書」を公表している企業を分析してみた。

同リストでは,統合報告書あるいは統合レポートであることや財務・非財務情報を統合的に開示していること等を表明した企業が公表している「統合報告書」の作成初年度の年次と併せて企業名が掲載されている。「統合報告書」の名称は,統合報告書あるいは統合レポート以外にも,アニュアルレポートやCSRレポート,そして企業名を付した「〇〇レポート」などがある。2013年度決算に「統合報告書」を作成している95社について,各社が任意に公表している多種多様な報告書がどのように「統合報告書」に集約していったのか,その代表的なパターンを示したものが図表6－9である。

図表6－9では,1報告書型,2報告書型および3報告書型の代表的なパターンを示している。1報告書型は「統合報告書」の1冊に集約する場合であり,2報告書型は「統合報告書」とともに既存の報告書または新たな報告書を別に作成する場合であり,3報告書型は主に既存の報告書は維持しながら新たに「統合報告書」を作成する場合である。この95社は,2004年度から2013年度までの間に「統合報告書」を公表してきているので,ここでは当該企業のホームページ上で入手可能な89社を対象に分析

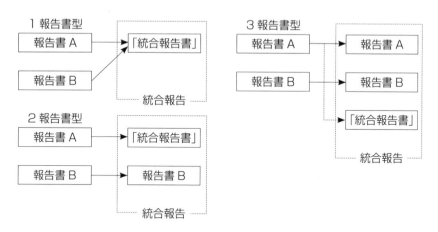

図表6-9 統合報告の代表的なパターン

してみた。その結果, 1報告書型に63社が該当し, 2報告書型には21社が, そして3報告書型には5社が該当した[22]。

現在, わが国では「統合報告書」の公表が任意であるためか, その開示実態は, アニュアルレポートを「統合報告書」として位置づけていたり, CSR報告書の中に当該情報を集約していたり, その名称だけではなく, 内容も多岐にわたっていることが明らかになった。本来なら, ＜IR＞フレームワークの中で説明されている「簡潔性」や「結合性」の説明原則が影響して,「統合報告書」の作成を契機として開示情報量の減少が予想できる。しかし, 実際には,「統合報告書」を作成した上で既存のアニュアルレポートやCSRレポートなども継続して公表していたり（2報告書型, 3報告書型）, 1報告書型でも新たな情報分が増加していたりと, 半数近くの企業が開示情報量を増加させている。その理由としては, 統合報告書が新しい開示手段として注目されてまだ日が浅いこともあり,「統合報告書」の公表による開示情報量の整理には十分に至っておらず, まだ過渡期的な

状況にあることが考えられる。

## 6　統合報告の課題と可能性

### 1．重要性概念

　リスクを伴う訴訟を例にとって考えてみると，①認識および測定の要件を満たす場合は引当金に計上して，②発生可能性と影響度のどちらかが確定できないために認識の要件を満たさないリスクを伴う事象は偶発債務として財務諸表の注記に記載する。そして，③そのどちらも確定できずに認識および測定の要件を満たさないリスクの高い事象は，「事業等のリスク」などで記載する。このように注記に記載される偶発債務は，引当金よりも高い程度のリスクを有しているが「事業等のリスク」に記載される事象よりは低い。

　リスクマネジメントは，予想されるプラスもマイナスも含むすべての結果と実際の結果との不一致を減らそうとする試みである。したがって，組織は多種多様なリスクを識別・評価しており，これらのリスクを伴う事象について，その発生可能性と組織への影響度でマッピングする。そこでは，リスクの発生可能性が高い事象は財務諸表に表示される一方で，発生可能性は低いが組織への影響度の高い事象も財務諸表以外の情報として開示される。このようにリスクを伴う会計事象は，組織への影響度よりも発生可能性が重視されて表示が決定されている。

　これに対して，IIRCでは，図表6－10で示すとおり，統合報告に何を含めるかを決定する際に必要な重要性（materiality）の決定プロセスを提示している[23]。そこでは，まず，①目的適合性を有する事象を特定する。それは，組織の長期に亘る価値創造能力に対して，過去または現在におい

図表6-10　重要性の決定プロセスと重要度の評価

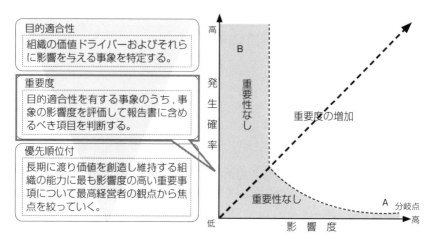

出所：IIRC（2013a），p.31.

て影響を与えた事象，あるいは将来において影響を与える可能性のある事象である。次に，②これらの事象の中から，価値創造に与える既知の影響または潜在的な影響という視点から事象の重要度（importance）の評価を行い表示・開示すものを決定する。そして最後に，③優先づけを行って表示・開示の方法を決定する。

重要度の評価では，図表6-10で示すとおり，事象の発生可能性とその影響度の大きさの両方を検討する。図6-10は，リスクマップと同様なものであり，ここでも発生可能性が高く影響度も大きい事象は，発生可能性が低く影響度も小さい事象と比べて重要度が高い。しかし，図表6-10の中にあるA点のように，影響度が大きく発生可能性が低い事象の方が，B点のように発生可能性が高く影響が小さい事象よりも重要度が高い。なぜなら，A点の事象が現実のものとなった場合には，組織の長期に亘

る価値創造能力に重大な影響を与えるからであり，それは，蓋然性規準ではなく経済性規準を重視しようとしている財務報告の概念フレームワークの見直し作業とも一致する。

このように，目的適合的な事象のすべてについて重要性があると考えられるわけではないので，重要度の評価を行って統合報告に含める事象を決定しているのである。重要性概念に関しては，財務諸表と財務諸表以外の情報での考え方に整合性を持たせる必要があるので，今後の検討を要するとはいえ，財務諸表と財務諸表以外の情報を統合するための基本的な概念がリスクということが理解できる。その結果，リスクあるいは不確実性を伴った会計事象が統合的に表示・開示できるようになる。

財務諸表では，認識および測定に伴うリスクが反映された項目が表示されていて，「事業等のリスク」などのその他の開示情報では，ビジネスリスクやリスク選好度に関する情報が含まれている。したがって，リスク情報は，事業活動から得られるキャッシュフロー（あるいは損益）のボラティリティとして位置づけることができ，それらを統合的に表示・開示することによって，実際的な将来予測情報の提供が可能となる。その結果，リスクあるいは不確実性を伴う会計事象の帰結に対する責任から部分的に解放されることになる。

## 2．統合報告の範囲と配置

財務情報と非財務情報を統合する場合に課題となるのは，これらの情報の境界線を画定することと同時に，これらの情報をどう結合させるのか，そして結合させた場合には統合報告の範囲をどこまでにするのかが課題となる。財務情報と非財務情報を結合させるには，図表6－11の左側に示す財務情報から非財務情報へのアプローチAと，右側に示す非財務情報から財務情報へのアプローチBが考えられる。財務情報から非財務

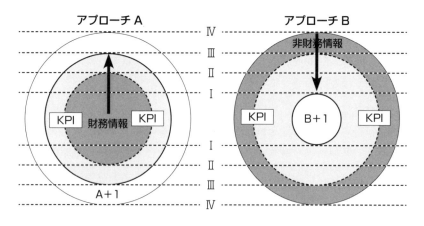

図表6－11　統合報告の範囲

情報を結合させた場合には，非財務情報のA＋1の情報部分が網羅されず，図表6－9で示した1報告書型が主にアプローチAに該当する。他方，非財務情報から財務情報を結合させた場合には，財務情報のB＋1の情報部分が網羅されなくなり，主に2報告書型あるいは3報告書型が該当する。

　このように，どちらのアプローチを選択するかによって統合報告の範囲が異なってくるばかりではなく，統合報告書の内容にも影響を与える。アプローチAでは，財務諸表（財務情報）を含んだ1つの統合報告書（図表6－11のⅢまでの範囲）の公表が考えられるのに対して，アプローチBでは，統合報告書（図表6－11のⅠ～Ⅳまでの範囲）に加えて財務情報（B＋1）の公表が必要となる。もちろんアプローチAでも，網羅されない非財務情報のA＋1の情報部分を別の報告書で開示することは可能であるため，2報告書型あるいは3報告書型の場合も考えられる。

　アプローチAでは，財務情報の報告が中心であり，認識および測定の

要件を満たしておらず財務諸表には計上できないリスク事象は KRI など を通じて報告されるようになっていく。しかし，資産および負債（あるい は変動）に関連づけが困難な事象は開示できない。ここでの KRI は，想 定されるリスクの要因を指標化したものであり，例えば，潜在的なリスク の予兆となる為替相場の推移や石油の先物価格の推移であり，キャッシュ フローあるいは利益に与える影響を説明することになる。これに対して， アプローチ B では，非財務情報の報告が中心であり，KPI などを通じて 非財務情報を定量化させていく。ここでの KPI は，目標がどの程度達成 できたかを事後的に測定する指標であり，例えば，雇用環境の改善を目標 とした経営を行うために従業員満足度を用いて測定した従業員モラル指標 や環境に配慮した経営を行うための二酸化炭素排出量が該当する。

　このように統合報告書を作成するためには，KPI と KRI の活用が必要 不可欠である。これらの指標によって，財務情報と非財務情報は関連づけ られてストーリーをもった説明が可能となり，その結果，組織の価値創造 能力にどのような影響を与えるのかを説明することができるようになる。 その一方で，どちらの情報に重点を置くかによって選択する情報が異なっ てくるため，統合報告の範囲や統合報告書の内容が異なると同時に，当該 情報を結合させるのに利用する KPI と KRI も異なってくる。現状では， KPI と KRI には様々なものが用いられているため，統合報告書の普及に はこれらの指標の確立が肝要である。KPI と KRI には，例えば，理解可 能性，首尾一貫性，目的適合性，明示性（presentability），比較可能性の 要件が必要といわれている[24]。

　これらの指標は，財務情報に非財務情報を加えて意思決定に必要な情報 を，主要な価値創造要因を表す数値的データ（メトリック）として提供さ れるものである。それによって，意思決定者に一定の戦略に基づき展開さ れる組織の価値創造プロセスを，その結果であるキャッシュフローと結び

付けることを可能にすることを通し，経営活動の実態への洞察力を深め，組織の将来を見通す手掛かりを与えることができるようになる[25]。

統合報告書の公表によって，社会や環境に配慮した経営を戦略的に行う組織に投資することが，長期的に見れば社会的な便益ばかりではなく経済的な便益を生みだすというコンセンサスが確立され，社会的責任投資（SRI）の促進が期待できる。2006年には，国際連合（United Nations）が公表した「責任投資原則（PRI）」に対して欧米の年金基金を運用している大手機関投資家などが署名している。PRIは組織の環境（Environment），社会（Social）およびガバナンス（Governance）の情報（ESG情報）への取組みに関する情報を投資判断に活かすためのものであり，これまでの行き過ぎた短期的な利益追求を求めた投資への反省が求められている。このような中長期的な運用を目指す機関投資家の判断を支えることができる新しい財務報告制度の確立が急務であり，それこそが統合報告制度確立の目的の1つである。

これまでの財務諸表が中心の財務報告は，経営における重要事項，例えば経営戦略を伝達するプロセスというより，会計基準等の法令遵守のための財務情報を伝達するプロセスとみることができる。現在，公表されている多種多様な非財務情報は，新しい情報開示の要請に対して既存の財務報告モデルに付加して作成したものなので，開示情報は複雑化，また重複したものとなっている。その結果，例えば，以下の（ⅰ）～（ⅳ）に示す重要な情報は，そのどこかで開示はされてはいても，相互関係が明らかにされているといえないので，統合報告にはその役割が求められている。

（ⅰ）戦略とリスク
（ⅱ）財務業績と非財務業績
（ⅲ）ガバナンスと業績
（ⅳ）組織の業績とバリューチェーンに含まれる他組織の業績

## 3. 統合リスクマネジメント

　現代のグローバル社会における経済・経営環境の不安定さに伴い，国家レベルでグローバルリスクに対する回復力（resilience）を高める必要性が増してきたと同時に，組織レベルでも同様なリスク対応を高める必要性からリスクマネジメントの重要性が増してきている。回復力とは，国際的に相互依存関係にある多様なグローバルリスクをマッピングして，国家がそのようなリスクに適応して回復する能力のことである。グローバルリスクは，主に外的リスクを指しており，その他にもプロセスの崩壊や人為的ミスなどの予防可能なリスクや潜在的な収入とリスクとを比較した際に自ら進んで取る戦略的リスクがある。外的リスクは，人的な影響や管理を超えるものであり非常に複雑に構成されているので，組織が単独で管理して軽減できる範囲を超えている。そこでは，弾力性に重点を置いた回復する能力を培うことをもって対応を図ることが肝要と考えられており，例えば，事業継続計画（BCP）で開示されることになる。

図表6－12　回復力に焦点を当てたリスクの分類

| リスクの「予測可能性」 | | 少ない | 多い |
|---|---|---|---|
| | 高 | 予測戦略よりも回復力を重視（C） | 予測戦略を利用（A） |
| | 低 | 回復力を強化（D） | 予測戦略よりも回復力を重視（B） |

リスクとその有効な対処法に関する知識の量

出所：World Economic Forum（2013），p.37.

図表6-12の縦軸のリスクの「予測可能性」は，グローバルリスクの発生の可能性と発生した場合の影響の程度がどれくらい予測可能であるのかを示しており，横軸は，その対処方法についてどれくらいの知識量があるのかを示している。ここで重要な点は，(A)のリスクの「予測可能性」と当該知識量が多い場合にのみ，リスクに対して予測戦略を利用して，これ以外の場合には回復力を重視することである。

　グローバルリスクに対して，予防可能なリスクと戦略的リスクに関しては，リスクマネジメントの手法を通じて対応することが可能であると一般的に理解されている。つまり，経営者がこれらのリスクを識別・評価し，そしていかに受け入れ管理するかは，経営者のリスクマネジメントの考え方に拠っているということができる。

　近年では，これらの経営に伴うリスクに対して，①リスクの発生の背景および内容の把握から始まり，②リスクマップの作成によるリスク分析・評価，③リスクマネジメントに沿った戦略の策定・実施，そして④リスクおよび業績の測定や⑤内部統制システムの監査や財務・業務情報システムの監査等のモニタリングを行い，最終的には⑥リスク情報の開示までを一貫して行う統合リスクマネジメントの有用性が広く一般に認められるようになってきている[26]。ここでのリスク情報の開示対象は，企業内部の管理者やスタッフ，取締役会，および規制当局やその他のステークホルダーに及んでいる。

　当該リスク情報を開示することによって，①実際的な将来予測情報の提供，②財務報告の有用性の向上，③良好なリスクマネジメントの促進，④経営者の管理責任の説明，⑤資本コストの低減などの効果が得られるようになる[27]。

　特定のリスク情報は，相互に関連し合うために本来なら有機的に結びつくものであるが，財務報告の中では分断開示されているため，情報利用者

は分析のための不必要なコスト負担を余儀なくされている。このような事態を改善するための一つの方策としてリスク情報の統合的な表示・開示が考えられ，これは＜IR＞フレームワークでの考え方にも適合する。

　財務諸表の本文と注記，ならびに「事業等のリスク」等の財務諸表以外で開示されているリスク情報は次のように整理でき[28]，それらの統合的な表示・開示を可能にする考え方，すなわちIFRS会計思考は，統合報告制度の確立に必要な理論的な裏づけとなる。

（ⅰ）報告数値に含まれている仮定および判断に直接的に関連するリスク（すなわち，認識および測定に伴うリスクあるいは不確実性）

（ⅱ）事業活動が原因で晒されているリスク

　（a）事業目的の変更の影響に関連するビジネスリスク

　（b）市場状況または他の外的要因へのエクスポージャーに関連するビジネスリスク

（ⅲ）企業が利益を追求する際に進んで受け入れるリスクの量であるリスク選好度に関する情報

　財務諸表の表示には，①企業活動の一体的な財務状況を描写すること，②企業の将来キャッシュフローを予測する上で有用となるように情報を構成要素に分けること，③利用者が企業の流動性および財務弾力性を評価するのに役立つことが重要である。そのためには，主要な財務諸表の各科目間の表示に一体性をもたせることが肝要である[29]。

　流動性と財務弾力性についての情報は，将来キャッシュフローの金額と時期，そして不確実性を評価するのに有用である。財務弾力性は，企業の適応性の尺度であり，予期せぬ新しい投資機会を利用するために，あるいは営業状態の変化によるリスクを回避するために必要な概念である。財務弾力性の高い企業は，営業活動から多額の正味キャッシュフローを獲得で

きる能力や多額の借入能力をもち，また換金性の高い資産を多くもつかもしれない。一方，流動性は資産が現金化されるまで，あるいは負債が支払われるまでに経過したときの長さであるため，流動性についての情報は財務弾力性を評価するのを助ける。

　流動性の高い企業は，予期せぬ不利な状況を見事に切り抜ける能力に優れているばかりではなく，予期せぬ新しい投資機会を積極的に活用できるので，流動性は財務弾力性に関連することになる。ただし，財務弾力性は流動性より広い概念であるといえる。というのは，財務弾力性には，潜在的な借入能力や正常な営業循環過程以外において資産を実現する能力を含むからである。したがって，財務弾力性の評価には，財務諸表の表示をどうするかという課題に合わせて，財務諸表以外の情報をどう開示するのかという課題が加わる[30]。

## 7　結びに代えて

　本章では，IFRS 会計思考と統合報告の関係を検討してきた。その結果，IFRS 会計思考が展開されている現代の財務報告では，統合報告の可能性が高まってきていると判断することができた。

　IFRS 会計思考では，認識規準と測定規準の連携強化を図って，財務諸表に計上できる事象を広げると同時に，リスクが高すぎて財務諸表に計上できていない将来事象を織り込んでの会計事象の一体的な説明を可能にしている。それは，会計事象はリスクあるいは不確実性を伴うリスク事象であると考えられるからである。リスクは，不確実性，発生可能性，原因，影響およびアウトカムを用いて説明することができ，ある事象についての発生可能性とその影響度が決まると確率分布が求められて当該リスクが確

定する。この確率分布から，発生の可能性の範囲にわたってリスクが発生する見込みが決定され，こうして当該事象に関する不確実性が逓減していって，財務諸表に計上できるようになる。

統合思考に伴う財務報告，すなわち統合報告では，財務諸表以外の情報の必要性に加えて，財務諸表との統合的な表示・開示が求められる。それは，統合思考が組織の短期，中期および長期の価値創造を包括的な観点から捉えた意思決定および行動の前提となる考え方であるため，実際的な将来予測情報が求められるからである。

わが国でも，また国際的にみても，様々な報告書の公表によって情報開示が充実してきている。そこでは，開示情報量の多さや組織のサイロ化の問題が指摘されているものの，IIRCの<IR>フレームワークの公表を契機として，係る事態を打開するための新たなコミュニケーションツールとしての統合報告書に注目が注がれている。さらには，web開示の活用によって，当該情報間の結合性を高めることができるため，統合報告書の可能性が広がってきている。

英国，米国およびIASBなどでは，財務報告の目的適合性の向上を図るため，それぞれに異なった「統合報告書」を公表して統合報告制度を確立していっている。それは，21世紀型の会計ディスクロージャー制度の構築を通して，経営の健全性の向上と持続可能な経済社会の確立に寄与することができるようにするためである。そこでは，グローバルリスクに対処した統合リスクマネジメントの充実が，リスク情報の統合開示を促進する統合報告制度の確立を必然的なものとしている。

付記：本章に係る研究に関して，平成26年度科学研究費補助金（「基盤研究（B）」「リスク情報の統合開示に関する総合的研究」課題番号：25285139）から補助金の交付を受けている。

## 注

1) IIRC (2013b).
2) Hicks (1980).
3) 予測とは,単一の数値に確率を加重した数値の合計額であり,見積値の平均である。見積とは,将来の収入または支出が行われる単一の数値である。
4) IASB (2010b), FASB (2006).
5) IASB (2010b).
6) IASB (2013).
7) 可能性が問題になるのは,例えば引当金の認識の際であり,確実性が問題になるのは,例えば偶発資産の認識の際である。
8) FASB (1984).
9) これら3つの測定はキャッシュフローを基礎としたものと考えることができ,それは過去を対象としているのか,現在を対象にしているのか,あるいは将来を対象にしているかの違いである。ただし,原価と現在市場価格のすべてがキャッシュフローを伴う測定であるわけではない。
10) IASB (2013).
11) Porter and Kramer (2011).
12) IIRC (2013b).
13) 小西・神藤 (2014).
14) ASB (2006).
15) IASB (2010c).
16) 小西・神藤 (2014).
17) IIRC (2011).
18) IIRC (2013a).
19) SRがIIRCの示す統合報告書と異なり財務的な側面に焦点を当てている点については,IIRCのCEOであるPaul Druckman氏も座談会で言及している (Druckman, P et al. (2013)。
20) 2010年のデータは,2013年9月15日時点のものなので,それはコンサルテーションドラフトの原則に沿ったものとなっているため,重要性と簡潔性が1つの原則となって示されている。また,「作成と開示の基礎」と「全体的な報告ガイダンス」の2つの内容要素は含まれていない。
21) Konishi and Ali (2007).
22) 小西・松山・神藤 (2014).
23) IIRC (2013a).

24) SEC Advisory Committee on Improvements to Financial Rporting (2008).
25) WICI (2010).
26) AICPA,CICA (2000).
27) ICAEW (1997).
28) EFRAG (2012).
29) IASB (2010a).
30) 小西 (2010).

### 参考文献

Accounting Standards Board [ASB] (2006) Operating and Financial Review, *Reporting Statement*.
American Institute of Certified Public Accountants [AICPA] (1997) Improving Business Reporting: A Customer Focus, *Comprehensive Report of the Special Committee on Financial Reporting*. (八田進二・橋本尚訳 (2002)『アメリカ公認会計士協会・ジェンキンズ報告書 事業報告革命』白桃書房)
AICPA, Canadian Institute of Chartered Accountants [CICA] (2000) *Managing Risk in the New Economy*.
Cheng, M., W. Green, P. Conradie, N. Konishi, and A. Romi (2014) The International Integrated Reporting Framework: Key Issues and Future Research Opportunities, *Journal of International Financial Management & Accounting* Vol.25 No.1, pp.91-119.
Department of Trade and Industry [DTI] (2005) *The Companies Act 1985 (Operating and Financial Review and Director's Report etc.) Regulation 2005 (SI2005/1011)*.
DTI (2006) *The Companies Act 2006*.
Department for Business, Innovation and Skills [DBIS] (2010) *Corporate Law and Governance:The Future of Narrative Reporting: A Consultation*.
DBIS (2011) *The Future of Narrative Reporting: Consulting on a New Reporting Framework*.
DBIS (2012) *The Future of Narrative Reporting : A New Structure for Narrative Reporting in the UK*.
DBIS (2013) *The Companies Act 2006 (Strategic Report and Director's

report）Regulation 2013（SI2013/1970）.
European Financial Reporting Advisory Group [EFRAG]（2012）Towards a Disclosure Framework for Notes, *Discussion Paper*.
Financial Accounting Standards Board [FASB]（1984）Recognition and Measurements in Financial Statements of Business Enterprises, *Statements of Financial Accounting Concepts No.5*.
FASB（2006）Fair Value Measurements, *Statement of Financial Accounting Standard No.157*.
Financial Reporting Council [FRC]（2014）*Guidance on the Strategic Report*.
International Accounting Standards Board [IASB]（2010a）Staff Draft of an Exposure Draft: Financial Statement Presentation, [Draft] *International Financial Reporting Standers X*.
IASB（2010b）*The Conceptual Framework for Financial Reporting 2010*.
IASB（2010c）Management Commentary, A Framework for Presentation, *IFRS Practice Statement*.
IASB（2013）A Review of the Conceptual framework for Financial Reporting, *Discussion Paper*.
IASB（2014）Effect of Board redeliberations on DP A Review of the Conceptual Framework for Financial Reporting, *IASB Staff Paper*.
International Integrated Reporting Committee（2011）Towards Integrated Reporting —Communicating Value in the 21st Century—, *Discussion Paper*.
International Integrated Reporting Council [IIRC]（2013a）International<IR> Framework, *Consultation Draft*.
IIRC（2013b）*International<IR>Framework*.
Kaplan, R. and M. Anette（2012）Managing Risks : A New Framework, *Harvard Business Review* Vol.90 Issue6, pp.48-58.
Konishi, N. and M. Ali（2007）Risk Reporting of Japanese Companies and its Association with Corporate Characteristics, *International Journal of Accounting, Auditing and Performance Evaluation* Vol.4 No.3, pp.263-285.
Lee, A.T.（1984）*Cash Flow Accounting*,Van Nostrand Reinhold (UK) Co.Ltd.（鎌田信夫・武田安弘・大雄令純共訳（1989）『現金収支会計：売却時価会計との統合』創成社）
Merna, T. and F. Al-Thani（2008）*Coporate Risk Management*, Jhon Wiley & Sons, Ltd.

Porter, E.M. and M.R. Kramer (2011) Creating Shared Value , *Harvard Business Review* Vol.89 Issue1/2, pp.62-77.

Raval, V. and A.Fichadia (2007) *Risks, Controls, and Security: Concepts and Applications*, Wiley.

SEC Advisory Committee on Improvements to Financial Reporting (2008) *Final Report of the Advisory Committee on Improvements to Financial Reporting to the United State Securities and Exchange Commission*.

The Institute of Chartered Accountants in England and Wales [ICAEW] (1997) *Financial Reporting of Risk: Proposals for a Statement of Business Risk*.

The World Intellectual Capital Initiative [WICI] (2010) *Concept Paper on WICI KPI in Business Reporting Ver.1*, http://www.wici-global.com/kpis_ja.

UNEP Financial Initiative and UN Global Compact (2006) *United Nations Principles for Responsible Investment*, http://www.unpri.org.

World Economic Forum (2013) *Global Risks 2013*, 8th edition.

伊藤邦雄責任編集 (2013)「企業会計制度の再構築」『別冊企業会計』中央経済社.

加藤盛弘 (2006)『負債拡大の現代会計』森山書店.

鎌田信夫・ニッサン,S. (2007)「日本のADR企業のマーケットリスク」『産業経済研究所紀要』(中部大学産業経済研究所), 第17号, pp.91-102.

古賀智敏編著 (2011)『IFRS時代の最適開示設計：日本の国際競争力と持続的成長に資する情報開示制度とは』千倉書房.

小西範幸 (2004)『キャッシュフロー会計の枠組み：包括的業績報告システムの構築』(岡山大学経済学研究叢書), 第31冊.

小西範幸 (2010)「財務諸表の表示のあり方に関する再検討：IASB公開草案スタッフ・ドラフトの検討を中心として」『會計』Vol.178 No.5, pp.1-17.

小西範幸 (2011)「コーポレート・アカウンタビリティに求められる新しい会計の役割：統合報告書による企業価値の向上・回復」八田進二・柴健次・青木雅明・藤沼亜起編著『会計専門家からのメッセージ：大震災からの復興と発展に向けて』同文舘出版.

小西範幸 (2012a)「コミュニケーションツールとしての統合報告書の役割」『會計』Vol.182 No.3, pp.60-75.

小西範幸 (2012b)「統合報告における「統合」の考え方」『国際会計研究学会年報』2011年度第2号 (通号30号), pp.5-15.

小西範幸 (2012c)「統合報告の特徴とわが国への適用」『企業会計』Vol.64 No.6, pp.18-27.

小西範幸 (2012d)「非営利組織の財務諸表の体系と機能：財務諸表の類型化の試み」『経営分析研究』No.28, pp.1-12.

小西範幸編著（2013）『リスク情報の開示と保証のあり方：統合報告書の公表に向けて』日本会計研究学会スタディ・グループ最終報告書。
小西範幸（2014a）「統合リスクマネジメントと統合報告：三様監査の重要性」『月刊監査研究』Vol.40 No.2, pp.1-8。
小西範幸（2014b）「財務報告におけるリスク概念の開示と保証の意義」『現代監査』No.24, pp.72-80。
小西範幸（2014c）「統合報告の国際的動向と財務報告の可能性」『企業会計』Vol.66 No.5, pp.18-27。
小西範幸・神藤浩明編著（2014）「統合報告の制度と実務」『経済経営研究』（日本政策投資銀行）Vol.35 No.1。
小西範幸・松山将之・神藤浩明（2014）「統合報告の現状と課題：我が国での統合報告書の開示実態を踏まえて」日本会計研究学会第73回大会（横浜国立大学）・自由論題報告配布資料。
財団法人企業活力研究所（2012）『企業における非財務情報の開示のあり方に関する調査研究報告書』。
佐藤倫正編著（2012）『国際会計の概念フレームワーク』国際会計研究学会研究グループ最終報告書。
友杉芳正・田中弘・佐藤倫正編著（2008）『財務情報の信頼性：会計と監査の挑戦』税務経理協会。
Druckman, P.・J. Diplock・山﨑彰三・木下俊男・市村清（2013）「座談会 統合報告の現状と今後の課題」『会計監査ジャーナル』Vol.25 No.3 pp.9-17。
八田進二編著（2009）『会計・監査・ガバナンスの基本課題』同文舘出版。
広瀬義州編著（2011）『財務報告の変革』中央経済社。
古庄修（2012）『統合財務報告制度の形成』中央経済社。
山﨑秀彦編著（2010）『財務諸表外情報の開示と保証』（日本監査研究学会リサーチシリーズⅧ），同文舘出版。

# 第7章
## IFRS任意適用とIR

# 1 はじめに

　国際財務報告基準（International Financial Reporting Standards：IFRS）を任意適用する企業は，その予定を公表した企業を含めて52社（2014年12月現在）にのぼる。社数では上場企業3,751社の約1%にとどまるが，株式時価総額ではその割合が10%を超える。市場におけるIFRS適用企業の存在感は大きく，その将来に対する投資家の期待も高まっているといえる。

　IFRS任意適用の拡大は，2014年6月に公表された政府の改訂版成長戦略の施策の1つであるが，その動きを民間で進めるための活動にIR（Investor Relations）がある。IRとは，法定開示や制度開示のみならず，自発的な情報開示や資本市場とのコミュニケーションを担う活動である。それは2014年2月に制定された「日本版スチュワードシップ・コード」が求める機関投資家と企業との「建設的な対話」を包含し，2015年6月から開始予定の「コーポレートガバナンス・コード」が掲げる情報開示や株主との対話を推進するものでもある。

　筆者は，1980年代からIRの普及・促進にたずさわり，学識研究者と実務者の間に位置する立場で執筆活動などを続けている。本章では，企業と資本市場の間の認識ギャップを縮める「対話」を中心に，IFRS導入の意義を深めるIR活動について考察したい。企業の活動事例や，2012年に青山学院大学総合研究所が実施した「IFRS導入に関するアンケート」結果をもとに論じていく。

　第2節では，IFRS任意適用企業の特徴的なIR活動を報告する。第3節ではIFRS導入に対するアナリストの懸念と期待を整理する。第4節では企業と投資家の「対話」で取り上げるべきテーマを考え，IR活動の可

能性を示す。

## 2 IFRS 任意適用企業の IR 活動

### 1. 企業が IFRS を任意適用する目的

　IFRS の導入は，日本経済の持続的な成長を促すものとして，その重要性が高まっている。政府が 2014 年 6 月に公表した改訂版成長戦略は，資本市場活性化のための施策の 1 つに「任意適用の拡大」を掲げた。近年は，「修正国際基準」が検討されたり，任意適用要件が緩和されたりという形で，企業が導入しやすい環境も整えられている。現在，予定を含めて 50 社以上が適用を公表しており，近い将来には 100 社を上回るという見方もある[1]。

　その動きを，さらに推進する活動の 1 つが IR である。IFRS が目指す比較可能性の向上や，それによる適正な評価を実現するには，企業は従来以上にていねいに説明し，資本市場の理解を促すことが求められるからである。

　一般に，企業が IFRS を任意適用する目的は大きく 3 つある。第 1 に自社のグローバルな事業展開をわかりやすく説明すること，第 2 に，海外の競合企業との比較可能性を高めること，第 3 に，グローバルな業務運営に活用すること——である。それが実現できれば，企業はグローバルな市場で評価を得て資金を調達し，M＆A や研究開発投資などに活用することが可能である。また，IFRS を採用している海外子会社との決算期統一や業績管理などもしやすくなり，グループの一体感も高まるであろう[2]。

　だが，市場の評価を得るには，投資家の理解を深めることが必要である。まず求められるのは，適用によって生じた差異に関する説明である。また IFRS は「原則ベース」の基準であるため，一般に財務諸表作成者，すな

わち経営者の裁量が大きいといわれる。経営の透明性を高める姿勢も重要である[3]。

それでは IFRS を任意適用した企業は，どのような IR 活動で，投資家の理解を得ようとしているのであろうか。2014年12月現在で IFRS を適用した財務諸表をもとに IR 活動を実施している企業の事例を報告する。

## 2. IFRS 任意適用企業の IR 活動の実際

投資家の理解を得るための IR 活動の第1は，すみやかな情報開示と説明の工夫である。

IFRS 任意適用は 2010 年 3 月 31 日以降に終了する事業年度から始まったが，その前から自発的に，資料を工夫して説明する企業がみられる。例えば HOYA は，「IFRS 決算書」という名称の投資家向けの IR 資料を 2010 年 3 月期から作成していた。

住友商事は，2011 年 4 月 1 日から IFRS に移行したが，2011 年 3 月期の決算短信は米国基準で作成し，任意で IFRS による決算との差異を開示した。これにより，簡易版の IFRS による決算を開示したことになる。

IFRS は，それまで採用していた会計基準と IFRS の調整表（基準差異比較表）を求める。同社は 2011 年 3 月期の有価証券報告書において，財務状態計算書（資産，負債及び資本）は①IFRS 移行日（2009 年 4 月 1 日）②米国会計基準による直近の年次財務諸表（2010 年 3 月 31 日）との比較，包括利益計算書（純損益）は，最終年度末日（2010 年 3 月 31 日）との比較表を公表したが，それに先立つ決算短信でも一定水準の開示をしたのである。

このような取り組みによって，アナリストなど財務情報利用者は IFRS 導入によって生じる会計上の差異を早めに認知することができる。

第2は，CEO や CFO など経営層が，その意義を経営戦略とともに説明

する活動である。IFRSへの移行に関する詳細な情報開示も含む。

アンリツは，2013年3月期第1四半期決算短信からIFRSによる開示を始め，新たに10ページを使って「IFRSへの移行に関する開示」を掲載している。IR活動では，2013年3月期第1四半期説明会において，橋本裕一社長が「経営力強化」というテーマでIFRSを導入した理由を語っている。導入の主な目的は「世界標準での開示」「グローバルな市場・顧客・競争に対応」「リスクを前倒しで認識」することであり，IFRS導入によって退職給付会計や研究開発の資産化計上の影響で純資産が85億円減少し，それにより自己資本比率が低下するが，社債の繰り上げ返済などで財務体質を強化し，ROE20％を目指すと公言した。

ディー・エヌ・エーは，2013年3月期第1四半期決算短信からIFRSによる開示を始めた。決算短信では，18ページを「国際会計基準（IFRS初度適用）」に充て，資本および包括利益の調整の内容を細かく記載している。IR活動では，2013年3月期第1四半期説明会の「業績報告」においてIFRS導入が業績に与える影響を具体的に説明した。プラスに働くのが，のれん非償却による営業利益増，マイナス要因となるのが子会社の取得対価の一部計上や一部子会社の連結対象期間の差異（3ヵ月のずれ）の調整等であることを説明した。参考資料として，売上収益に影響を与える項目や損益計算書表示の変更の説明なども加えている。

こうした経営層による説明によって，アナリストや投資家は，将来の成長可能性やリスクを分析に織り込むことができる。

第3は，グローバル企業が活用する経営指標を取り入れて説明する活動である。

アステラス製薬は，IFRSを導入した2014年3月期決算短信においてIFRSのフルベース（調整前）業績とともに「コアベース」の「連結業績」を開示した。

コアベースの連結業績は，投資家が定める非経常的な項目を調整項目として除外したものである。それは売上高,「コア営業利益」「コア当期利益」「1株当たりコア当期純利益」で構成され，同社は 2015 年 3 月期の業績予想もコアベースで開示した。

　アステラス製薬の「コア営業利益」は，IFRS 営業利益から，事業再編や減損に関する「その他の収益 / 費用」を除外している。「コア営業利益」からさらに有価証券売却損益と減損等を除いたのが「コア当期純利益」である。

　コアベースの連結業績の定義や IFRS のフルベース（調整前）と日本基準との比較については，2014 年度 3 月期の決算説明会で資料を配布し，15 年度 3 月期第 1 四半期以降もフルベースからコアベースへの調整表を配布して理解を促している。

　日本たばこ産業は，2012 年 3 月期から IFRS を導入した。同時に「調整後 EBITDA」や「調整後 EPS」も開示している。その理由には，① IFRS で定義されていないものの，JT グループの業績の把握に有用と思われる ②持続的な成長を目指す上で，一時的な要因を外した基調としての成長率を示す――があがっている。

　同社は 2012 年 3 月期決算説明会において「国際会計基準（IFRS）の「2012 年 3 月期からの任意適用について」18 枚のスライドを準備し，詳細に説明した。それによると「調整後 EBITDA」は IFRS の営業利益から減価償却費，無形固定資産の償却費，のれんの減損損失，リストラクチャリングに係る収益及び費用を加算・減算したものである。「調整後 EPS」は，親会社に帰属する当期利益から，のれんの減損損失，リストラクチャリングに係る収益および費用等ならびにそれに伴う税負担等を加算・減算した利益を，希薄化後期中平均株式数で除した 1 株当たりの利益である。

　こうした指標を活用することにより，アナリストや投資家は，海外企業

との比較がしやすくなる。例えば，スイスのロシュや独バイエル，仏サノフィなどの医薬品企業が「コア利益」，スイスのネスレや仏ダノンなど食品企業が「オペレーティング営業利益」を開示し，IR活動でも活用している。

ただし，いずれの任意適用企業も，IFRSフルベースの業績も開示している。IFRSには日本基準にある特別損益の項目がなく，一時的な損益も営業利益に反映させる。それらの影響を除いた「コア利益」や「EBITDA」は，中長期的な収益力を示すという役割があるが，「一時的な業績変動要因」とみなされた収益や費用も，投資家にとっては重要な情報だからである。

## 3. IFRS導入の有用性に関する企業とアナリストとの意識差

このように，多くのIFRS任意適用企業が財務情報利用者の立場を考慮したIR活動を実行している。ただ，その有用性をめぐる認識は，資本市場とは若干の差がある。2012年に青山学院大学総合研究所が企業とアナリストを対象に実施した「IFRS導入に関するアンケート調査」（以下，IFRSアンケートとする）結果にも，その一端が表れている（本書の第9章参照）。

「IFRS導入の有用性」の理由として企業が最も多くあげたのが「国際的に通用する会計基準である」（「きわめて有用である」「有用である」と回答した69人の55.1%）であり，「企業間の比較可能性が向上する」は第2位（同33.3%）であった。回答した企業のほとんどが任意適用していないこともあり，「国際的な会計基準」という包括的な回答を選んだと推察されるが，アナリストの回答とはギャップがある。

図表7－1　IFRSが比較可能性の向上という意味で有用であると思われる主な理由（企業とアナリストの比較）

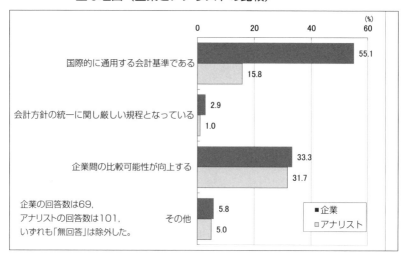

一方，IFRSアンケートでアナリストがIFRS導入の有用性として理由として最も多くあげたのは「企業間の比較可能性が向上する」（「きわめて有用である」「有用である」と回答した101人の31.7％）であった。アナリストにとってIFRSは「国際的な基準」であるのは当然で，むしろ実際の分析における個別企業間の比較しやすさを重視していることがうかがえる。

## 3　財務情報利用者にとってのIFRSとIR

### 1．アナリストが着目するIFRS項目

それではアナリストは，IFRS任意適用した企業のどのような情報に着目し，分析で重視しているのであろうか。

IFRSアンケートでは，個別基準のうち企業価値評価に影響を及ぼす項

目を理由とともに聞いている。アナリストが「影響が大きい」と回答した項目の上位は「のれんの償却」(IFRSを有用であると評価したアナリスト101人のうち51.5％，「減損会計」(同29.7％)，「有形固定資産・減価償却」「研究開発費の資産計上」(同23.8％)であった。そのうち，企業の認識と差が大きかったものは，「のれんの償却」「減損会計」「研究開発費の資産計上」の3項目である。重視する理由に，業績予想や企業価値評価がしにくくなることをあげるアナリストが少なくない。個々のコメントをたどっていくと，IR活動を通じた詳細な説明や，経営者との対話を求めていることが読み取れる。

まず，のれんの償却と減損会計についてである。いずれも損益への影響が大きいことが企業価値評価において重要視する理由にあがっている。特

図表7-2 IFRSを適用している場合，影響を与えると思われる重要な項目（企業とアナリストの比較）3つ選択

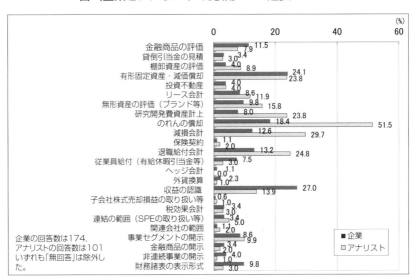

に注目されているのが①従来基準との差異が大きい②減損による損益変動のリスクがある③回収可能価額を見積もることが難しい——ことであり，企業が適切に対応しないと，情報開示の信頼性が低下すると懸念されているようだ。

　IFRSを導入すると，のれんを含む資産について年1回減損テストを実施し，回収可能価格（割引後の将来キャッシュフローまたは売却費用など控除後の公正価値）が資産の帳簿価格を下回っていれば減損損失を計上しなければならない。それにより，減益や赤字に至ることもある。しかし割引率（資本コスト）を開示する企業はほとんどないため，アナリストが回収可能価格を見積もることは難しい。IFRSアンケートの回答に伴うコメントの中には，「減損テストは恣意性が介入しやすい」「M＆Aをして利益を嵩上げしようとする」「将来価値の算出に手を加えやすい」といった，経営者が介入する可能性を指摘するものがあった。

　また，のれんの償却については，日本基準との差異が大きいことも指摘されている。日本基準では，M＆Aによって生じたのれん（企業を買収したときの価格と被買収企業の純資産を時価評価した金額との差）を20年以内に償却することが求められている。一方IFRSは，のれんの定期的な償却は必要ないため，導入すれば，毎年均等に償却費を計上しなくてもよい[4]。これにより，例えば「買収金額が高くても，容易に買収する」行動が引き起こされたり，「のれん償却の前提の客観性」への懸念が高まったりする。「減損時期を調整して，益出し損出しをする余地が生まれる」ことを指摘するコメントもみられた。

　次に，研究開発費の資産計上である。日本基準が研究開発費を費用認識するのに対し，IFRSは資産計上する。これにより，1株当たり利益の金額が変わること，純資産やROEなどの財務比率への影響が及ぶこと，仕掛研究開発費（インプロセスR＆D）の資産計上による影響が大きい業界

があること──などを,アナリストは危惧している。

　背景には,IFRS導入企業の中には研究開発費が大きく,グローバルに事業展開する企業が目立つことがある。例えば医薬品業界においては,画期的な新薬を開発して市場に送り出すことが,最も収益性を高め,業績や企業価値を向上する力となる。多額の研究開発費は,経営における重要性を表すもので,資産計上されると,企業価値分析への影響が大きい。

　また研究開発活動には,基本的な研究局面とその後に製品化するための開発局面があり,各局面で研究費と開発費が発生する。日本基準ではどちらも費用処理するが,IFRSでは,研究費と開発費で会計処理が異なり,境界線の判断が会計処理に大きな影響を与える。IFRSアンケートでは,「"経営の思い"が反映されやすい」「開発費をコントロールしようとする」という指摘や「フランスの企業で開発費を過度に計上したことが問題になった」というコメントがみられた。

　また資産計上された開発費は,のれんと同様,減損損失が認識されると業績への影響が大きい。「損益に対する影響が大きい」「業績予想のコスト認識に大きな影響がある」といったコメントがあった。

## 2. アナリストが求める情報開示の継続

　IFRSアンケートでは,導入されるとIR活動のレベルが下がるおそれのある個別項目も聞いている。アナリストの回答が多かった上位項目は「事業セグメント開示」(IFRSを有用であると評価したアナリスト101人のうち25.7%),「財務諸表の表示形式」(同12.9%),「減損会計」(同10.9%)であり,企業の認識と最も差が大きかった項目は事業セグメントの開示である。

　日本基準は,IFRSへのコンバージェンスへの過程で内部管理と外部への報告を一致させるためにマネジメントアプローチの考え方を取り入れて

いる。したがって企業は IFRS を導入しても事業セグメント情報の開示内容に大きな差はないと認識しているが，アナリストは，IR 活動で補足される情報への影響を懸念している。アナリストは，より詳細な事業セグメント情報や，その変動要因の説明を活用しているからである。

　IFRS アンケートで示唆されたのは，「現在，開示されている事業セグメント情報のレベルが下がる」ことや「マネジメントアプローチの定義が一律でないこと」である。開示に消極的な企業は，制度開示においても不適切な事業セグメントを設定することを懸念するアナリストもある。

　以上の結果からは，アナリストは，比較可能性向上という IFRS 導入の意義を高めるには，まずは経営の透明性を高めることを要望していることが読み取れる。のれんの償却や研究開発の資産計上は，M＆A や成長分野への投資から生じる。こうした重要な意思決定において，経営者は投資家の視点を意識しているのかを問うているのである。

　さらに IR 活動では，①M＆A や成長投資の目的や資産の評価基準を合理的に説明する②リスク情報を事前に開示し，減損を認識したら早めに開示する③これまでの情報開示を後退させず，新たな情報なども加えていく──といった姿勢を求めている。

## 3．のれんの金額が増大した IFRS 任意適用企業の事例

　こうしたアナリストの要望に対し，IFRS 適用企業はどのように応えているのだろうか。近年，企業買収が大型化する中，のれんの金額が増大してきた企業事例を報告する。

　ソフトバンクは，IFRS を導入した 2014 年 3 月期の決算短信で，のれんが 1 兆 5320 億円あったことを開示した。これは純資産（2 兆 8486 億円）の 53.6％にのぼり，2012 年 4 月 1 日時点ののれんに比べると約 2 倍に増大している。

ソフトバンクが近年実施したM&Aの中で規模が大きかったのが，2013年7月に完了した米携帯電話販売会社大手のスプリントの完全子会社化である。買収に要した金額は約216億ドル（約1.8兆円），のれんは2752億円と開示している。子会社化公表直後のアナリスト・投資家向け説明会（2012年10月）では，孫正義社長がスプリント子会社化によって日米合わせた契約数が9,600万に達すること，顧客満足度を高めて業績を改善し，米国での競争力を高めること，買収に必要な資金は現金や借り入れなどを活用すること——などを説明した。

　しかし2014年3月期のスプリント事業の業績は，12億円の赤字で，累計契約数も約5,480万と前年度を約30万下回った。アナリストはスプリントの業績改善が進まないことをリスクとみなし，決算説明会でも「スプリント事業の改善の状況」や「米国を中心とする海外展開の展望」に関する質問があがった。それに対し孫社長は「特に心配はしていない」，「効率化からマーケティング施策などの取り組みを進めていく」，「収益も苦しい中でのスタートとなっており困難な闘いではあるが，しっかりと改善していきたい」などと回答した。

　2014年3月期のソフトバンク全体の業績は，売上高前年比108.2％増，営業利益35.8％増と向上した。しかしこれにはスプリント以外に買収した企業の貢献が大きかった。日本IR協議会が選定する「IR優良企業賞」の審査委員からは，国内外の経営戦略と事業方針について，IR活動の充実を望むコメントもあがった[5]。M&Aは短期間で成果が表れにくく，アナリストと経営層との認識ギャップも大きい。ソフトバンクは経営トップが定期的にアナリストや投資家に経過を説明する機会を設け，ウェブサイトでも公表しているが，さらに詳細でタイムリーな説明や対話が求められているといえる。

# 4 対話の時代のIFRSとIR

## 1. 企業と資本市場の共通した目的

　これまで第1節では，IFRS任意適用企業が投資家の理解を得るために実行しているIR活動の特徴を報告した。第2節では，アナリストはIFRS任意適用に伴うリスクを懸念し，従来以上に経営の透明性を高めるIR活動を求めていることを示した。

　2つの結果を突き合わせると，企業はIFRSをグローバル経営の強化に活用し，その姿勢を資本市場に評価してもらおうとしているのに対し，アナリストは経営の透明性を従来以上に求め，資本コストを意識して経営資源配分の基準などを明確にすることなどを望んでいる。両者は中長期的にはグローバルな競争力向上というIFRS導入の目的を共有しているものの，短期的にはすれ違いも生じている。

　立場によってすれ違いが生まれるのは自然なこととしても，それを放置したままでいると，共有している目的達成が遠のくおそれもある。すなわち企業がアナリストの反応をおそれて情報開示を後退させる，それが資本市場へのマネー流入を細らせる，その結果，必要なところに資金がまわらず，成長も実現しにくくなる——。こうした悪循環に陥る可能性がないとはいえない。

　企業と資本市場が共通する目的に向けての活動が「対話」である。それを含むIR活動は，自発的な情報開示によって企業とアナリストや投資家との間の認識ギャップを小さくし，得られた「気づき」を行動につなげる役割をもつ。企業と資本市場がIRの意義を理解して活用すれば，両者のすれ違いが少なくなり，中長期的な目的達成に近づくことも期待できる。

　その兆しは，IFRSアンケートに寄せられたコメントにも表れている。

企業の回答の中にはIFRS適用によって「評価に関する有用な情報開示が進む」「分析により有用な財務諸表となる」といったコメントがみられるし，アナリストの回答にも「より詳細な情報開示がなされる」「会社側と議論しやすくなる」といったコメントが散見される。こうした発言からは，IFRS適用は企業と投資家との対話の起点にもなり得ることがうかがえる。

## 2. IR活動で対話すべきテーマ

　IFRS任意適用企業のIR活動においては，どのようなテーマで対話を深めていけばよいのだろうか。

　第1のテーマは，グローバル経営の現状と将来展望である。まず海外事業の実績や計画を明らかにする。投資家が競合企業と比べるための情報や，優位性が持続するための要件などを，数値や事象を伴って議論につなげることが求められよう。

　それにより，比較可能性を高め，日本企業の競争力を浮き彫りにしようとするアナリストのコメントがIFRSアンケートの回答にみられる。代表的なコメントには，「国際的に企業間比較が容易になり，海外投資家の日本株理解を促進」「海外投資を行っている企業は国際基準で比較が可能」といったものがある。企業の回答にも「比較対象となる外国企業と同じ会計処理になる」というコメントがみられた。

　ただしアナリスト，企業ともすべての回答者がIFRS導入でグローバルな比較可能性が向上すると評価しているわけではない。ビジネスにおいてもグローバル化が進んでいる企業は，自然と開示レベルをあげるだろうが，国内事業が中心の企業は，比較可能性向上のインセンティブをみつける必要がある。

　第2のテーマは，成長戦略の実行と評価である。

　企業が成長するには，リスクをとって挑戦することが欠かせない。目に

みえる行動としては，新事業の創出やイノベーション，M＆Aや研究開発投資などがあげられよう。IR活動では，その方針や進捗状況，見通しなどを経営者が説明する。経営戦略や中期経営計画の中で，表明する取り組みが代表的である。

　アナリストは，こうした経営者の「挑戦」について議論することを望んでいる。例えばM＆Aである。のれんの均等償却が必要なくなれば，短期的に業績は嵩上げされるが，長期的には企業価値を高めるものなのか，様々な角度から確かめる必要がある。IFRSアンケートでは，「当該事業に対する経営の考え方の議論が深まる」「M＆Aに対する会社の考え方をしっかり議論できる」といったコメントがみられた。

　企業も中長期的な視点で成長戦略を議論することには前向きである。ただしのれんやM＆Aについてのコメントは，アナリストに比べるとやや消極的である。背景には，重要な経営の意思決定に関わるテーマについて，どこまで踏み込んだ議論をしてよいのか，線引きが難しいことがあげられる。インサイダー取引規制における未公表の重要事実の開示にあたるかを懸念するからである。

　一般にIR活動は，「情報伝達・取引推奨」には該当しないので，インサイダー取引規制には抵触しないとされている[6]。だが企業，投資家ともインサイダー取引規制に抵触することを防止するための措置を講じた上で対話を含むIR活動に臨む必要があろう。

　第3のテーマは，投資家視点を活用した企業価値向上である。投資家の立場では，企業が成長に向けての経営戦略を実行しても，株主が求める収益率（資本コスト）を上回る成果が得られなければ，企業価値が向上したという評価にはならない。したがってIR活動では，投資家は経営者との「共通言語」，例えばROEなどの資本効率を測る指標を用いた経営戦略や計画の説明を期待する。資本効率の向上は，配当や自社株買いなどを含め

た資本政策と密接な関わりがあるのはいうまでもない。

　IFRSアンケートのアナリストのコメントの中には、「資本コストの意識が高くなる」ことを期待するものがみられた。例えば、保有株式の評価をする過程で「資本効率の良否や是非の議論が深まる」、研究開発費が資産計上され、毎年1回減損テストがなされる中で「企業の資本コストに対する考え方が推察できる」という期待である。資産の将来価値の算出や減損基準が厳格化するためであろう。

　企業もIFRS適用を機に、グループ企業がグローバルな基準で業績を管理し、全社的な目標に向けて行動することを目指している。IFRSアンケートでは、「より網羅的な、実態を反映した情報が得られる」といったコメントがあった。

　ただし事業部門にまで資本コストや資本効率の概念が浸透している企業はそう多くない。全社的な目標として打ち出した資本効率の向上と、事業部門の業績管理指標を結びつける工夫が求められよう。

　またIFRS適用にあたっては、導入のみを目的とせず、社内の業務処理プロセスの見直しなど全社的な視点からの効率化、業務の高度化などと組み合わせ、全社プロジェクトとして進めることが必要であるという指摘もある[7]。グローバル経営の品質管理という観点から説明を始め、それがひいては資本効率の向上に結実する、いう流れで資本市場と企業とが対話する機会も考えられよう。

　なお、EUのIFRS強制適用における実証研究結果を調べてみると、資本コスト引き下げをもたらすものと、そうでないものがあったという[8]。基本的な理論は、資本コストは、情報開示の水準が高くなると、流動性が向上して資本コストが下がるというものであるが、すでに情報開示の水準が高い国の場合は、そのかぎりではない。

　日本企業も情報開示のレベルが高まっている。そうであれば、情報開示

の「量」を増やすのではなく，情報の「質」を高める IR 活動が資本コストを下げるかもしれない。緻密な実証研究が必要であろうが，グローバルな業務管理の向上が，開示情報や対話の品質をも向上して資本コストを下げることが証明できれば，資本市場の IFRS 導入に対する関心も高まると思われる。

## 3．対話を活用する企業事例

　アナリストや機関投資家との対話を活用して 2014 年 5 月に新しい中期経営計画を公表し，IR 活動を評価された三井物産のケースを紹介する。

　三井物産は，2014 年 5 月 7 日に 2014 年 3 月期決算短信（IFRS）を公表し，同時に 2014 年度から 2017 年度までの 3 か年の中期経営計画も公表した。この 3 カ年は，2020 年の「あり姿」に向けての重要な 3 カ年であり，①強みを生かした「攻め筋」の確立，②「既存事業」の収益基盤強化とパイプライン案件の確立，③「新規事業」への投資と「株主還元」の両立を柱としている。中でも収益基盤の強化については，経常的に 1 兆円から 1.4 兆円のキャッシュフローを生み出し，適切に配分することでフリーキャッシュフローを黒字化することを明言した。投資家視点での目標値も設定し，17 年 3 月期に EBITDA 1 兆円，ROE10-12%，ネット D/E レシオ 0.8 倍を実現するという目標を打ち出した。

　この経営計画策定にあたって，三井物産はアナリストや機関投資家の意見を参考にしたという。経営計画を公表した後は，IR 活動を従来以上に強化した。第 1 がキャッシュの配分や将来情報に関する定量情報を拡充し，価値創造についてていねいに説明したこと，第 2 が決算説明会とは別に説明会を設け，質疑応答の内容までウェブサイトで公開したこと，第 3 が IFRS への以降にあたり，開示の拡充を図って説明会の資料に盛り込んだことである。

こうした姿勢が評価され，三井物産は2014年度日本IR協議会「IR優良企業特別賞」，平成26年度日本証券アナリスト協会「ディスクロージャー優良企業」に選ばれた。IR優良企業特別賞の選定理由には「今年は資本市場との対話を活かした上で，投資家の視点を意識した中期経営計画を設定した。これにより資本市場との距離が縮まり，評価を高めた。総合商社の中では，投融資の中身やリスクに見合うリターンの重要性を意識して説明している。特にROEの目標値や投資キャッシュフローの使途の説明，株主還元の姿勢に対する評価が高い」点が言及されている。グローバルな経営力の強化と資本効率の向上を，資本市場との対話を生かして全社的な目標にし，実行している事例といえる。

## 5　結びに代えて－IR活動が企業価値向上を導く可能性－

　こうした事例からは，対話を経営に生かすIR活動は，IFRS適用企業にとっての意義と資本市場にとっての意義を融合し，中長期的には企業価値向上を導く可能性をもつといえる。企業にとってはグローバルな経営力の強化と海外機関投資家へのアピールや資金調達，資本市場にとっては，比較可能性が向上することによる流動性や資本コストへの好影響である[9]。

　すでにIFRS任意適用企業はIFRS適用によって生じた差異をていねいに説明し，グローバル企業と比較するための情報を任意に公表している。また日本版スチュワードシップ・コードとコーポレートガバナンス・コードが策定されることで，成長のための投資の考え方や資本効率についての議論も深まるであろう。経産省が2014年8月に公表した「持続的成長への競争力とインセンティブ～企業と投資家の望ましい関係構築～」（伊藤レポート）が指摘するように，資本効率向上の意識が重要であることを日

本企業が認識し始めていることもプラスに働く。

このように IR 活動を取り巻く環境が変化しているが，重要なのは当事者の意識である。すなわち，企業，投資家ともお互いの立場を考慮して情報を共有する。企業は経営の透明性を高め，投資家は適切に評価する。対話のための制度や仕組みが整えられつつあるときだからこそ，自ら高い意識をもって取り組むことが求められよう。

### 注

1) 野村（2014）；山田（2015）。
2) 井上・石川（2014）；山田（2015）。
3) 青山学院大学総合研究所「IFRS 導入に関するアンケート調査」におけるアナリストのコメントから推測される。
4) 企業会計基準委員会（ASBJ）が 2014 年 7 月 31 日に公表し，検討を続けている「修正国際基準」では，のれんやその他の包括利益の会計処理について，日本の考え方を示している。修正国際基準ではのれんを定額法その他の合理的な方法により規則的に償却すること，その他の包括利益に計上した後に，当期純利益に組替調整（リサイクリング処理）しない会計処理（ノンリサイクリング処理）を「削除又は修正」し，リサイクリング処理すること――を提案している。
5) 審査過程でアナリストを代表する委員から寄せられたコメントを参考にした。
6) 金融庁（2014）。
7) 鶯地（2014）。
8) 杉本（2014）。
9) 前述したように，IFRS の資本コストへの影響は，情報開示のレベルなどによって異なる（杉本，2014）。

### 参考文献

井上謙行・石川博行（2014）「IFRS が資本市場に与えた影響」『証券アナリストジャーナル』9 月号。

鶯地隆継（2014）「国際会計，成長に欠かせず」『日経新聞』5月2日朝刊。
金融庁（2014）「日本版スチュワードシップ・コードの策定を踏まえた法的論点に係る考え方の整理」2月26日。
杉本徳栄（2014）「IFRSに対する各国の対応：EU，カナダおよび韓国の事例」『証券アナリストジャーナル』9月号。
野村嘉浩（2014）「IFRSに対するわが国の対応」『証券アナリストジャーナル』9月号。
山田辰己（2015）「国際会計基準の展望（上）進む国際化　統一は必須」『日経新聞』1月14日朝刊。

# 第8章
## わが国医薬品企業における制度変化への先駆性

―IFRS, ガバナンス,
アニュアルレポートにおける
先進事例の研究―

## 1 はじめに

　わが国大手医薬品企業の行動分析を行う際に留意すべきは各種制度改革に対し能動的に取り組み他のセクターに比べ先行する傾向があるということである。産業セクター別にみた場合，国際財務報告基準（International Financial Reporting Standards：IFRS）の導入は大手企業を中心にかなり早く進みつつあるし進行中のコーポレートガバナンス・コード制定に対しても，今，目論まれている非常に斬新な草案[1]がそのまま通ったとしても医薬品大手企業の場合すでに十全の体制を整えている。またAR（アニュアルレポート）においても非常に先進的な試みをする企業が多い。ARの将来的姿を示唆しているとも目される「統合報告」についても熱心に作成している企業も多い。

　これらは重要な事実と筆者は考える。それではなぜ制度改革にプロアクティブに（能動的あるいは先見的に）取り組むのであろうか。単に新しモノ好きであるという軽率な判断はもちろんできない。横並びを意識しているわけでもないと思える。

　例えば，IFRSの移行の要因は企業側が「グローバル資本市場」での評価向上を重要と受け止めそれに対し真摯に対応していることであると筆者は推定している。会計基準がどうあるべきかについてアナリストも事業会社も原則，価値フリーである。IFRSが理論的に優れているから移行するわけではない。アナリストや投資家が投資意思決定に際し横比較する場合，便宜性があるためである。事業会社に即していえばユーザーフレンドリーを考慮した上でのコストベネフィット上メリットがあるから行うのである。

　国内基準とIFRSとの大きな差異の一つは「のれん」の償却の有無である。大手医薬品企業は近年，クロスボーダーM＆Aを活発に執り行って

きた。この場合，投資家にとって海外医薬品企業との業績比較の観点から日本企業側が IFRS を採用することにより有用性が増すことになる。

各節の要旨は以下のとおりである。

第2節においてはわが国医薬品企業における IFRS 導入状況を観察する。第3節においては IFRS 導入の遠因ともなっていると推定されるクロスボーダー M & A の隆盛に伴う「のれん」額の増大について触れる[2]。第4節においては 2006 年度より本格導入が始まった欧州企業の導入例を紹介する[3]。IFRS の性格を考えるときに見逃せないかつ話題になったケースを紹介している。そして第5節においてわが国医薬品企業の IFRS 移行時の情報開示を検討する。第6節は IFRS 移行と時をおかず行われてきたわが国医薬品企業のコーポレートガバナンス・システムの先取性に触れる[4]。そして第7節は企業情報開示の重要ツールの1つであるアニュアルレポートの動向についても触れる[5]。IFRS による財務情報もガバナンスシステムも投資家・アナリストにとって企業価値を算定する上で重要であるがそれはアニュアルレポートに適切に説明されていなければならない。

## 2 IFRS の導入状況と情報開示

現段階における医薬品企業の IFRS 導入の状況をみてみよう。図表8-1を参照されたい。

主要10社中 IFRS 導入企業は6社に上る。とりわけ最大手といわれる武田薬品工業，アステラス製薬，中外製薬，エーザイ，第一三共，大塚ホールディングス6社の中では5社に上る。大塚のみがまだ IFRS 採用の意思表示をしていない。このように大手がこぞって IFRS を導入しているセクターはほかに総合商社があるのみである。

図表8−1　日本の医薬品企業におけるIFRS導入状況

| | IFRS | 導入時期 | 国内基準 | 海外売上高比率 | 外国人持株比率 |
|---|---|---|---|---|---|
| 武田薬品工業 | ○ | 2014年3月期 | | 57% | 28% |
| アステラス製薬 | ○ | 2014年3月期 | | 54% | 53% |
| 大日本住友製薬 | | | ○ | 45% | 10% |
| 塩野義製薬 | | | ○ | 34% | 38% |
| 田辺三菱製薬 | | | ○ | 14% | 20% |
| 中外製薬 | ○ | 2013年12月期 | | 14% | 75% |
| エーザイ | ○ | 2015年3月期 | | 41% | 24% |
| 小野薬品工業 | ○ | 2014年3月期 | | 1% | 28% |
| 第一三共 | ○ | 2014年3月期 | | 52% | 30% |
| 大塚ホールディングス | | | ○ | 57% | 28% |

注1　海外売上高比率は2013年度
注2　外国人持株比率は会社四季報（2014年12月号）より

　導入している6社の特性を海外売上高比率と外国人持ち株比率でみてみよう。武田薬品工業，アステラス製薬，エーザイ，第一三共の場合は海外売上高比率も外国人持ち株比率も高い。しかし中外製薬の場合，外国人持ち株比率が75%と10社中最高にもかかわらず海外売上高比率が14%と低い。これは注意を要する。同社の約59%の株式はスイスの医薬品企業ロシュ社によって所有されている。ロシュ社はグローバルに事業を展開するメガファーマの一角を占めている。ロシュ分を除去すると16%に過ぎない。海外売上高比率は14%に過ぎない。にもかかわらずIFRSを導入しているのは，親会社であるロシュがIFRSを採用しているにことに関連す

るとみてよいであろう。同社はまた決算期を親会社にあわせて多くの他社が3月であるのに対し12月決算となっている。

これに対し小野薬品工業の場合，外国人持ち株比率は28％とまずまずであるが海外売上高比率が1％であるのにIFRSを導入している。これは推定するに，同社の開発品B（抗がん剤）が米国大手医薬品会社に導出され，これが資本市場において評価された（事実，過去2年間における同社の株価はTOPIX相対比においてもTOPIX医薬品セクター相対比においてもかなりアウトパフォームした）ためである。欧米市場においては米国大手医薬品A社が製造・販売する権利を有している。小野薬品工業は主にA社から製品Bの売上高（本格的販売は2016年度から）に対し一定のロイヤリティを受け取る。ロイヤリティ収入はほぼ100％コスト・経費がかからないためそのまま税引前利益に貢献する。アナリストによるA社のピーク時（2022年）売上高のコンセンサスは100億ドルを超えている。すなわち現在海外売上高からの利益貢献は少ない（ロイヤリティ収入という形態をとるので売上高＝税引前利益となる）が，将来への貢献度を見据えれば利益額ベースでかなり上昇することが予想される。それゆえ株価が上昇し外国人投資家の関心も高くなったということになる。

逆にIFRSを導入していない企業はなぜ導入していないのであろうか。導入していない4社のうち大日本住友製薬と田辺三菱製薬の場合理由は明確である。両社はそれぞれ住友化学と三菱化学ホールディングス社という総合化学大手企業の連結子会社であり，いずれも親会社が50％以上株式を得している。親会社は国内基準を継続している。そのため外国人持ち株比率も低い（親会社を除いてみると必ずしも低いとはいえない）。

残りの2社である塩野義製薬と大塚ホールディングスのケースは両社とも海外売上高比率も外国人持ち株比率も高いため今後どうなるか注目されるところである。

## 3　クロスボーダーM&Aの隆盛～IFRS前夜の状況

### 1．最大手武田薬品工業のダイナミックなM＆Aの遂行

　2006-2011年すなわち，IFRS導入を意思決定する直前のわが国医薬品企業の経営戦略特徴の1つは，武田薬品工業，第一三共，アステラス製薬，エーザイなどの大手企業に即していえば，海外M＆A（クロスボーダーM＆A）戦略の遂行であったといってよい。第一三共およびアステラス製薬についていえば，国内の大型合併（第一製薬と三共，藤沢薬品工業と山之内製薬）の後，海外企業との提携やM＆Aが活発化した。

　ここでは以下，武田薬品工業の例をあげてこれらの活動状況が財務データによりどのように把握できるかを考えてみたい。

　図表8－2の①は2005年度から2010年度まで6年間の累積キャッシュ・フロー計算書である。ここから6年間の経営活動の大要を把握することが可能である。この間，本業で獲得した利益（営業CF）は1兆9097億円，これに対し，投資に振り向けられた金額（投資CF）は7593億円に過ぎず，その結果，余剰キャッシュ・フロー（フリーCF）1兆1504億円（19097億円―7593億円）となった。

　投資の大半は米国のミネリアム社買収に振り向けられた（実際は8000億円以上）ものである。すなわち，同社の買収がなければフリーCFは2兆円近くに上っていたことになる。

　次にフリーCFの使途は何であったかといえば，営業CFを上回る1兆3644億円（支払配当金7411億円と自己株取得で6233億円）が株主還元に向かっていたことが判る。

## 図表 8−2　武田薬品工業主要財務データ

### ①要約キャッシュフロー計算書

| 単位：億円 | 2005年度〜2010年度 | 2011年度（第2四半期まで） |
|---|---:|---:|
| 営業キャッシュフロー | 19097 | 1617 |
| 投資キャッシュフロー | -7593 | -10067 |
| フリー・キャッシュフロー | 11504 | -8450 |
| 財務キャッシュ・フロー | -13877 | 4970 |
| ネットキャッシュ・フロー | -2373 | -3480 |
| 財務キャッシュ・フローの内 | | |
| 支払配当 | -7411 | -710 |
| 自己株式取得 | -6233 | 0 |
| 借入金 | 0 | 5698 |

### ②要約貸借対照表

| | 2005年3月末 | 2011年3月末 | 2011年9月末 |
|---|---:|---:|---:|
| 流動資産 | 19699 | 15863 | 12745 |
| 固定資産 | 5755 | 12001 | 22248 |
| 総資産 | 25454 | 27864 | 34993 |
| 内 | | | |
| 金融資産（短期および長期） | 18245 | 16073 | 5681 |
| 「のれん」および関連科目合計 | 0 | 5102 | 14349 |
| のれん | 0 | 2171 | 5387 |
| 特許権 | 0 | 2931 | 3375 |
| 販売権 | 0 | 0 | 5587 |
| 負債 | 4992 | 6498 | 14542 |
| 内　有利子負債 | 83 | 13 | 5713 |
| 純資産 | 20462 | 21366 | 20451 |
| 負債＋純資産 | 25454 | 27864 | 34993 |

出所：武田薬品工業株式会社決算短信資料より。

全体の資金使途を示す財務キャッシュ・フロー（財務CF）はほぼ同額の1兆3877億円である。すなわち外部資金調達（株式の発行や有利子負債の調達など）はこの間，ほとんどないことになる。その結果，ネットキャッシュ・フロー（フリーCFから財務CFを引いたもの）はマイナス2373億円となった。

　これらの状況を総括すると，相当多額を擁したミネリアム買収も武田薬品工業の場合，営業CFの範囲内で行った上で株主還元を非常に積極的に行ったことが判る。その結果金融資産は大きく減少したことも判る（図表8－2の貸借対照表における金融資産残高を参照）。

　確かに企業は不必要な余剰資金を保有していてはならず，それを有効活用しなければならない。会社側がミネリアム買収を決断する前にアナリストの多くは，株主還元さもなければ積極投資を迫っていたわけであるから，企業側はそれに答えたことになる。

　その論理は，企業に滞留した必要手元資金を超える余剰金融資産は株主のためのもので，有効に活用されなければならないという点にある。金融資産による利回りはきわめて低く，何らかの高収益を生む事業に投資されなければならない（医薬品事業における期待投下資本利益率は金融資産利回りも遥かに高い）。それがなされないのなら株主に滞留した金融資産を返還しなさいということになる。一部ファイナンスの専門家やアクティビストからみればまだ不十分とする見方もある。

　それに押されたためではないであろうが，2011年春に当社はナイコメッド社の買収に踏み切った。その影響も図表8－2で示されている。買収が完了した直後の2011年9月期（第二四半期）のキャッシュ・フロー計算書はナイコメッドへの投資額が1兆円を超えていたことを伺わせる（子会社株式の取得で1兆296億円）。そしてミネリアムの買収には自己金融資産の取り崩しによって賄ったが，今次は半分以上の調達を新規銀行借入金

(5698億円)で賄ったことが判る。その結果当社の貸借対照表において，多額の有利子負債残高を計上することになった。

　武田薬品工業も財務レバレッジを意識した経営を行うようになった。M＆Aを行う場合に自己資金のみで賄う必要はもちろんないわけで，むしろ遅きに失したという評価もあろう。例えば，2兆円の金融資産があった2006年度当たりであればさらに2兆円の資金調達(おそらくその場合社債・銀行借入金を使ったことになろうが)を行うことは案件にもよろうが容易な環境であった。都合4兆円の企業買収も可能であったということになる。後に紹介するロシュの場合はジェネンティック社を完全子会社にするために5兆円の外部資金調達を短期間のリードタイムで行っている。資金調達自体の大半は外部資金を頼みにした。この差はCFOの能力の差あるいは金融市場環境の差といってよいかもしれない。

## 2．多額の「のれん」計上

　図表8-3は2011年3月末時点(武田薬品工業だけは大きな変動が今期中にあったため2011年9月末)の主要企業の「のれん」，「特許権」および「販売権」の残高である。

　医薬品企業の場合買収時，「特許権」の計上も同時にされることがある。買収企業の開発品の知的財産権である「特許権」を買収時に評価したものである。例えば買収先のあるプロダクトが5年先まで特許権を保持しているとして，そこから産出される予想される収益が買収価格に反映されているわけでそれを計上したものといえる。企業によっては「のれん」という勘定科目の中にその部分を包摂しているところもある。これらの数字が大きいことそれ自体は医薬品企業の買収は対象となるのは開発力という無形固定資産のかたまり(研究開発を行う人，そこから生み出された知的資産そのもの)であるのできわめて自然なことである。「販売権」は武田薬品

**図表8－3　主要医薬品会社の「のれん」および関連科目残高**

単位：億円　　　　　2011年3月期末

| | のれん | 特許権 | 販売権 | 合計 |
|---|---|---|---|---|
| アステラス製薬 | 2367 | 1013 | 0 | 3380 |
| 武田薬品工業 | 2171 | 2931 | 0 | 5102 |
| 大日本住友製薬 | 704 | 610 | 0 | 1314 |
| 塩野義製薬 | 588 | 0 | 0 | 588 |
| 田辺三菱製薬 | 1157 | 26 | 0 | 1183 |
| エーザイ | 1285 | 0 | 0 | 1285 |
| 大正製薬 | 134 | 33 | 0 | 167 |
| 第一三共 | 673 | 0 | 0 | 673 |
| 大塚ホールディングス | 414 | 0 | 0 | 414 |

注）　　　　　　　　　2011年9月期末
| 武田薬品工業 | 5387 | 3375 | 5587 | 14349 |

出所：各社決算短信資料より。

工業においてのみ設定された勘定科目であるが，買収したナイコメッド社の販売力（特に武田薬品工業が販売網をもたない東欧・ロシア・南米等）に着目して「のれん」の中身を分離表示したものと解することができる。

　さて，そもそも買収価格はどのように決められるかという問題がある。買収相手が上場企業の場合，市場価格が参考になる。現実には買収価格は市場価格にプレミアム（30～40％アップ，ときには50％以上）を付けて買収価格が決められることが多い。そうしないと被合併会社の株主（大企業の場合，非常に株主数は多い）が納得しないこともある。上場会社の場合投資家の立場に立てば被買収企業の株主であれば幸運が舞い込むことになる。

　最大の金額を計上しているのは図表8－3でみたように武田薬品工業である（武田薬品工業のみは数値2011年9月末）。次ぐのはアステラス製薬で3380億円であるが，それは2009年度買収のOSI社（抗がん剤開発メー

カー)を中心とする海外企業の買収・特許権の獲得によるものである。

第一三共の場合673億円であるがランバクシー社の買収直後の2008年10月1日においては「のれん」は4087億円計上されていた。当社については第一三共が過半の株を取得し連結しても一方で上場を維持している。買収直後に様々なアクシデントで株価が急落し,いったん計上された「のれん」は同一会計年度内に減損処理を余儀なくされているため現在の残高は当初よりかなり少なくなっていることに注意する必要がある[6]。

この事例はM＆Aというものは非常に難しいものあると再認識させられるとともに自社による研究開発投資効率が落ちている中,M＆A戦略は今後も必要であろうこともまた認識しなければならないことを意味する。さらにPMI(Post Merger Integration)の重要性を喚起させることになった。

## 4　IFRS下のロシュ社の注目される会計処理

図表8－4はロシュ社の投資家向け説明会資料である。この図表の意図しているところは,同業他社中,最も財務レバレッジの高い企業でありながら高い格づけが維持されていることを強調している。この時点(2010年度末)において最も財務内容のよい会社は武田薬品工業であるが,武田薬品工業がAA(S&P社の格づけで)であるのに対し,ロシュ社はAA-で一ノッチ違うだけである。もっと財務内容のよいGSKやBMSが一段下のA+であるし,ライバルのノバルティス社と同じである。

ロシュ社の財務内容が悪化したのは2009年に世界最大のバイオベンチャーであるジェネンティック社を完全子会社(それまで58％株式保有していて連結子会社であったがこのディールにより100％保有にした)に

図表 8 − 4　ロシュ社の投資家向け説明資料

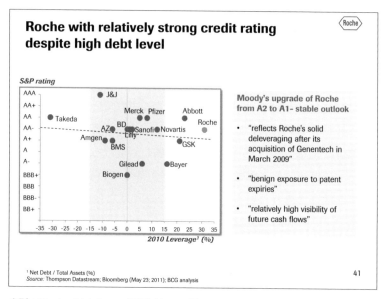

出所：Roche Holdings（2011），p.41.

したためである。上場子会社であったために，比較的スムースにディールは実行されたが，ロシュ社は約 5 兆円（当時のスイスフランベースでの調達額を円換算）の資金調達を主に有利子負債（社債や銀行借入金）で賄った。

そして 2008 年度末に 70.7％あった自己資本は 12.6％まで下がった。2010 年末で 19.1％である。この急激な変化は実は IFRS のある意味トリッキーな会計基準（IAS28 号の適用）のせいである。IAS28 号では，すでに連結された子会社の株式を買増す場合，買収金額は純資産から直接減額され「のれん」には計上されない。筆者にはこの意義は正直理解できない。当時コンタクトをとった在ロンドンの医薬品アナリストも「理解不能」とコメントしていた。ともかく表面的には大変な財務レバレッジ企業になっ

てしまった。

　素人的な発想ではこれではハイレバレッジ企業として特に格づけアナリストから非常に厳しい評価を受けるのではないかという杞憂があった。

　しかし，それはあくまで杞憂に終わってしまったのである。格付機関が重視したのは表面的な現時点での財務比率ではなく，ジェネンテック社買収に伴う将来営業CFの増大とそれ以外のオペレーションから生み出される営業CFが膨大なものであり，約定の4～5年で調達金額が元本・利子とも十分返済が可能であると見做したこと。さらに一定の配当を行ってもネットCFがプラスであると予見していることが当時の格付アナリストのレポートで判明していたためである。図表8－4の文言で示されている「将来キャッシュフロー創出の相対的高い可能性」はそれを意味している。

　すなわち格付機関は表面的な財務比率を忖度するところなく，将来キャッシュフローの創出力の可能性をみることは当時にあっても常識であり，その可能性を示唆するプレゼンテーションを企業側が格付アナリストのみならず株式アナリスト・投資家に行ったとみるべきであろう。

　ここで前節の武田薬品工業の例に戻って考えてみよう。当時武田薬品工業は医薬品企業の中で世界最大の「キャッシュ・リッチ」の会社であった。しかし市場ではそれをまったく評価しない。自社のR&D投資を活発するか，アライアンスを果敢に行うか，リスクオンする体制が同社になかったことを意味する。ロシュ社のように5兆円の借り入れを行って自己資金2兆円を足せば計7兆円のディールが思考実験上可能であったかもしれない。すなわち欧米のメガファーマの買収は十分可能であったとみるべきであろう。市場は将来の可能性をみる。単に余剰資金を寝かせているのなら早急に株主に還元（pay back）しなければならない。

## 5　IFRS 移行時の情報開示——アステラス製薬と中外製薬の事例

　本章は中外製薬とアステラス製薬の IFRS 移行時の投資家に対する説明をどのように行ったかをレビューしてみたい。両社とも投資家側から非常に優れた開示として評価をうけている。

### 1．中外製薬の事例

　中外製薬の場合，図表 8 – 5 のように「IFRS 移行の目的と方法」と題して 21 ページにわたり詳細なレポートを作成している。『目的』は「国内

図表 8 – 5　中外製薬の投資家向け説明資料（1）

## IFRS移行の目的と方法

**目的**
　　国内外投資家の利便性向上と裾野の拡大
　　経営管理指標の一本化

**移行方法**
　　当社は「特定会社」に該当し*，2013年より国際会計基準（IFRS）の任意適用を行う
　　移行日：2012年1月1日　　← 2012年が比較期間となるため
　　当社開示＋連結調整がロシュの開示する中外セグメントとなる
　　　　2012年決算開示：日本基準（JGAAP）により実施
　　　　2013年公表予想：IFRS Coreベース**で実施
　　　　2013年第1四半期以降：IFRSにより決算開示

＊ 連結財務諸表規則の定めるIFRS任意適用の要件をすべて満たしているということ
　（親会社がIFRS開示を行っている上場会社で，適切にIFRSで開示できる体制を整備している）
＊＊ P.11、12参照

出所：中外製薬（2012），p. 4.

第8章
わが国医薬品企業における制度変化への先駆性

外投資家の利便性向上と裾野の拡大」となっている。これは説明を擁しないであろう。医薬品企業の場合，欧州にメガファーマが10社中6社あり当然のことながらIFRSである。米国メガファーマ4社の場合，SEC基準が当然採用されているが，「のれん」の処理等，もちろん詳細にみればIFRSとの違いはあるが，日本基準との差異に比べ，はるかに少ないといえる。それゆえ，「利便性」が向上するのである。

他の理由として『経営管理指標』があげられているが，第2節で述べたように同社の筆頭株主はロシュ・ホールディングス（59.8％）であり，当然，連結対象子会社として中外製薬はIFRSで会計書類を作成しなければならない。欧州においてIFRS（2006年度）が導入されて以降同社は内部管理

図表8－6　中外製薬の投資家向け説明資料（2）

| 区分 | 項目 | IFRS | JGAAP |
|---|---|---|---|
| 売上収益 | 製商品売上 | 着荷基準 | 出荷基準 |
| | 導出一時金（製品、開発品） | 繰延認識 | 一時認識 |
| 営業費用 | 開発品導入契約金（製品は両者とも資産化） | 資産化 | 費用 |
| | 減価償却（有形） | 定額法 | 定率法 |
| | 償却費（無形） | 定額法 | 定額法 |
| | バリデーション費用[2] | 資産化 | 費用[3] |
| | フェーズ4試験(P4)/市販後調査(PMS)費用 | 研開費 | 営業費 |
| | コーポレートの管理部門費用/全社費用 | 一般管理費等 | 営業費 |
| | JGAAPの特別損益/営業外収支 | 営業内[4] | 営業外 |
| 退職給付関連 | 退職給付債務額（費用の期間配分） | 給与水準基準 | 定額基準 |
| | 数理計算上の差異[5]、過去勤務債務[6] | 即時認識 | 繰延認識 |

[1] 基準の違いだけではなく、会計方針の選択に基づく違いも含む
[2] 本生産の前に承認・許可取得のために行う試作に係る費用
[3] 販売可能在庫は資産化
[4] 金融収支を除く
[5] 5年金資産運用実績などによる差異
[6] 制度変更時に生じた差異額

出所：中外製薬（2012），p.7.

的には作成していたことになる。

そして主な財務諸表項目につき日本基準とIFRSとの差異を説明している（図表8－6）。と同時に重要なのは「Core営業利益」に関する説明である（図表8－7）。

Core営業利益とは何か。同社の説明によれば「IFRSにおいて社内外に経常的な収益性の推移を説明するための指標」としている。IFRSにおける営業利益の概念は国内基準と大きく異なる。例えばIFRSでは事業用再編費用，開発品導入に伴う無形固定資産の償却費など非経常的に発生する費用項目も含め「営業利益」として計算される。そこで非経常的項目を除去したものとして「Core営業利益」を算出している。

図表8－7　中外製薬の投資家向け説明資料（3）

出所：中外製薬（2012），p.11.

これは投資家・アナリストの便宜性をより踏み込んで表現したものである。IFRS の欠点を補っているという見方もできよう。そして中外製薬自身が投資家・アナリストに対して目標と掲げる指標は Core 営業利益，Core EPS が主であり，それに基づき配当方針も決めている[7]ことが分かる。

## 2. アステラス製薬の事例

次に図表8－8はアステラス製薬における IFRS 移行時の投資家向け説明資料の一部である。中外製薬における場合とほぼ同じくらいに丁寧に説明されていることが分かる。同社もやはり Core 利益を本来の収益性を表わすものとして丁寧な説明を行っている。

図表8－8では Core 利益の定義を行っている。「会社の経営における経常的な収益性を示すとともに各種コア利益を定義」としている。この意味は中外製薬と同じである。

さて，この Core 利益が企業側（中外製薬もアステラス製薬も）が持ち出していることの意義は何であろうか。改めて考えてみて IFRS における「営業利益」がやはりこれまで投資家・アナリストが慣れ親しんできた概念と異なるためであると推定される。筆者がインタビューしたあるアナリストによれば「営業利益とはやはり一定期間の経常的な業績示す，いわゆる業績比較のための尺度性が無ければならない」ということになる。こういった要望に応えるものであろう。

一方で，Core 当期純利益についてはどうであろうか。同社の資料にあるフルベースの当期純利益は 909 億円であるが，コアベースでは 1328 億円である。この 1328 億円という数値が何を意味するかはこれまでの日本基準に慣れた投資家・アナリストには大変理解しにくいもののようである。当期純利益とは減損等，日本基準でいうところの特損，特益も含んだ上でのいわゆる配当可能利益と一般にこれまで理解されてきた概念であろう。

図表8−8　アステラス製薬の投資家向け説明資料

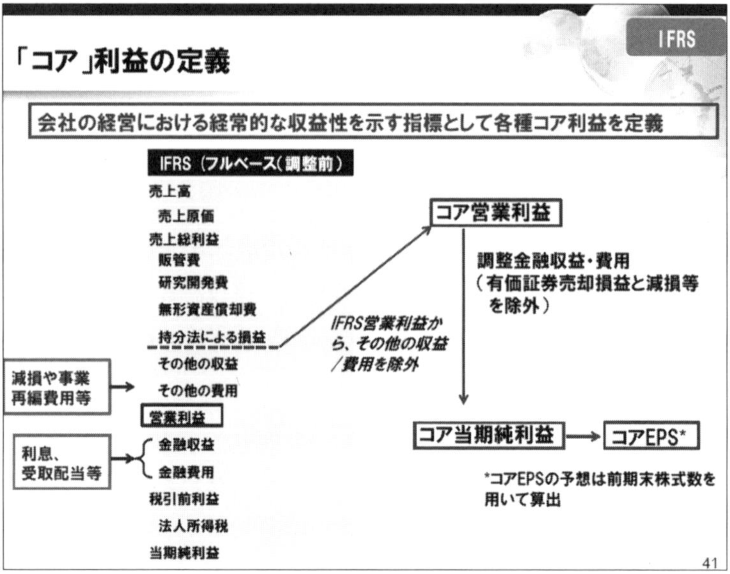

出所：アステラス製薬（2014），p.41.

　そうなるとフルベースでの909億円をもって当期純利益することの方が理解しやすいことになる。「のれん」償却の問題はさておき，Core利益そのものは非常にフィクショナルなものとして，アナリストは受けとめているのではないか。
　整理してみよう。筆者が理解するかぎりにおいて投資家・アナリストは，営業利益段階，税引前利益段階ではコアベースのものを参照する。最終利益についてはフルベースを利用するということになる。

## 6　ガバナンス・システムにおける医薬品企業の先駆性

　第5節までは主にわが国医薬品企業の IFRS 導入に伴う先見性をみてきた。それと同時に考えるべきはガバナンスシステムの先見性である。

　図表8－9は日本の主要医薬品企業の現時点でのガバナンス形態である。15社中，指名委員会設置会社（旧称：委員会設置会社）はエーザイ1社のみである。それ以外の14社は監査役設置会社である。指名委員会設置会社であることが先進性の証とする識者も多いが，一方で形だけを整えるだけでは意味なく，監査役設置会社であっても社外取締役機能を充実させることで代替できるという論者も多い。その場合，任意であっても指名委員会や報酬委員会を保持していることが重要だとされている。

　またガバナンスシステムを論じる場合，重要なのは CEO の後継者を客観的に選ぶ仕組み，すなわち指名委員会の充実も必要である。さらに経営幹部における実績に応じた報酬体系（pay for performance）を企業としてもつことも必要である。その機能を果たすのは報酬委員会である。現在金融庁で企図されている「コーポレートガバナンス・コード」（2014年12月に草案を発表，2015年6月に施行予定）においてこの点はかなり強調される可能性がある。それでは日本の医薬品企業の動向はいかがであろうか。

　図表8－9をみると，すでに武田薬品工業，アステラス製薬，塩野義製薬，中外製薬，参天製薬，大塚ホールディングス，第一三共の7社は社外取締役が3人以上いる。奇しくもこのうち4社は IFRS を導入済みである。指名委員会を設置している企業はこれら7社中5社すでにある。ガバナンスシステム先進企業の英国 GSK を範とするのならば各社，今後社外取締役の人数を2～3人増やすことで最先端の英国型ガバナンス企業への変身も可能かと思われる。

図表8－9　わが国主要医薬品企業のガバナンスシステム

| 社名 | 統治方式 | 取締役会議長 | 取締役数 | (内)社外 | 指名委員会 | 報酬委員会 |
|---|---|---|---|---|---|---|
| 武田薬品工業 | 監査役設置 | 会長（前社長） | 10 | 3 | ○ | ○ |
| アステラス製薬 | 監査役設置 | 会長（前社長） | 7 | 4 | ○ | ○ |
| 大日本住友製薬 | 監査役設置 | 社長 | 8 | 2 | × | × |
| 塩野義製薬 | 監査役設置 | 会長（前社長） | 5 | 3 | ○ | ○ |
| 田辺三菱製薬 | 監査役設置 | 会長（前社長） | 8 | 2 | × | × |
| 中外製薬 | 監査役設置 | 会長（前社長） | 10 | 5 | × | × |
| エーザイ | 指名委員会設置 | 社外取締役 | 11 | 7 | ○ | ○ |
| 小野薬品工業 | 監査役設置 | 社長 | 9 | 2 | × | × |
| 久光製薬 | 監査役設置 | 社長 | 11 | 0 | × | × |
| 参天製薬 | 監査役設置 | 社長 | 5 | 3 | ○ | ○ |
| 大正製薬ホールディングス | 監査役設置 | 社長 | 9 | 1 | × | × |
| 大塚ホールディングス | 監査役設置 | 社長 | 10 | 3 | × | × |
| 第一三共 | 監査役設置 | 社長 | 10 | 4 | ○ | ○ |
| キッセイ薬品工業 | 監査役設置 | 会長（前社長） | 14 | 1 | × | × |
| 日本新薬 | 監査役設置 | 社長 | 9 | 2 | × | × |

注1）指名委員会設置会社は従来の委員会設置会社を意味する。
出所：2013年度の各社コーポレートガバナンス報告書より。

　次に英国型ガバナンスの特色の1つである取締役会の構成について触れておこう。

　大手製薬企業グラクソ・スミスクライン社（GSK）のアニュアルレポートが参考になる。2013年度版ではガバナンス関連の記述に53頁（76～128頁）を費やしている。全体が252頁なので約5分の1を費やしていることになる。

# 第8章
## わが国医薬品企業における制度変化への先駆性

図表8-10 GSK社の取締役会構成

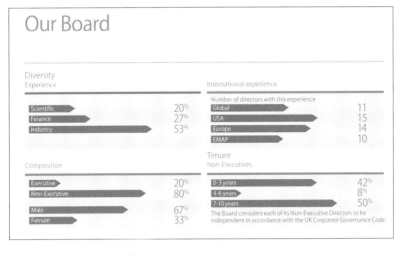

出所：GSK（2014），p79.

　ガバナンスの記述における冒頭のページにあるのが図表8-10である。取締役会を構成するメンバーの4つの特性が示されている。取締役会は15名で構成されている。ダイバーシティ（Diversity）と題しているがまず図表左上には取締役構成メンバーの「経験」（専門分野）が示されている。Scientific Expert が20％，Finance が27％，Industry（医薬分野に限らない）53％となっている。図表右上の地域別のビジネスや研究活動の経験ではグローバルが11人（15人中，以下同じ），米国が15人，欧州が14名，EMAP（新興市場／アジア太平洋地域）が10人となっている。

　図表左下では15人の取締役中，独立社外取締役が80％（12人）で社内取締役が20％（3人）となっている。社内とはCEO, CFOとリサーチ・ヘッドである。社内と社外の比が1:4というのが英国では黄金比とされている。
　男女比は男性が67％（10人），女性が33％（5人）となっている。実は

201

同社の女性比率は3年前までは15％に過ぎなかった。取締役会評価の結果かなり意識的に増やしたと推定される。そして図表右下社外取締役12人の就任期間についてみると半数の6人が6年未満（0-3年までが5人），半数が7-10年間となっている。ここまででわかることはGSKでは社外・社内，男・女，取締役経験年数，経験分野等の様々な観点においてバランスを考慮していることが分かる。

　GSKの現状を分析することにより，今後のわが国医薬品企業にとって参考になるのは，取締役会メンバーのバランス上，資本市場のわかる方，サイエンスについて見識のある方を各社充実させる必要があろうと思われる。またできれば取締役会議長は社外が望ましい。現実には15社中社外取締役が就任しているケースはエーザイのみである。残り14社中会長（前社長）が就任しているのが6社，現役の社長が兼任しているのは8社である。現実には，この点が最も移行が難しい点と思われる。

　これについてはコーポレート・ガバナンス・コードの草案にある「筆頭独立取締役」が重要な役割を果たすことになろう。草案における表現をみるかぎりGSKにおけるSID（シニア・インデペンデント・ディレクター）の位置を占めることが求められているように思われる。さらに実質，英国における取締役会議長に匹敵する役割を担うことも任命された筆頭独立取締役に実力があれば可能と思われる。したがって投資家・株主はどのような人が任命されるかについて今後多大な関心を示すことになろう。

## 7　アニュアルレポートあるいは統合報告の充実

　ここまでIFRSの導入およびコーポレートガバナンスシステムにおける医薬品企業の先進性を観察してきた。最後に企業の重要な情報開示を担う

媒体であるアニュアルレポートについて述べてみたい。アニュアルレポートの先進性はESG事項も包摂された統合報告への取り組みにいかに熱心であるかで判断することも可能である。わが国医薬品企業では武田薬品工業, アステラス製薬, 中外製薬, エーザイなどがすでにアニュアルレポートを統合報告化している。以下, 本章では中外製薬の例を検討してみたい。

中外製薬は日経アニュアルレポートアォードにおいて2012年度優秀賞, 2013年度準グランプリを獲得した。

本節では医薬品企業最初の2013年度アニュアルレポートを俎上に上げてみたい。2012年度のものも参照しながら, どう変わったかもあわせて検討したいと思う。同社のアニュアルレポートは2012年度版から「統合報告化」したものとなっており, その試みの2年度目でもある。また2013年度は第4章でも述べたとおり当社にとって国際会計基準（IFRS）ベースでの決算開示の初年度でもある。医薬品企業においてIFRSの任意適用を始めた会社が増えてきているが通年度決算開示では当社が初めてとなった。

以下, 2013年度アニュアルレポートで特徴的な事項をピックアップしてみる。

### 1. 適確な中期経営計画 （20-22頁）※以下2013年アニュアルレポートの該当頁

当社は2013年1月に中期経営計画を発表した。2013年度を起点として2015年度までのものである。その前の計画はSunrise2012と呼ばれた。前回は4年間であり売上高と営業利益に数値目標を課したものであった。今次は定量目標としてはCore EPSについて年当たり成長率で1桁台半ば〜後半とCore EPSに対する配当性向平均50％があるのみである）。この点については一部のアナリスト・投資家の中には不満があったようである。予想数値にEXACT（例えば10％ EPS成長）なものが入っておらずゾー

ン目標となっているためである[8]。

　これに対し定性的な目標(重要変革テーマと表現している)は4つある。①営業生産性の向上, ②グローバル開発の加速, ③革新的プロジェクトの連続創出, ④経営基盤のさらなる強化, である(図表8－11)。そして図表8－12においては約1年が経過しての進捗・成果が記されている。

　筆者の私見ではあるが, 定量目標はこのようなシンプルなもので十分である。日本企業は律儀に定量目標を掲げすぎる傾向がある。特に売上, 営業利益, ROEなどの数値を目標と掲げてしまい, 中期経営計画中に様々な経営環境の変化, やアクシデントによって数値目標自体が意味をもたなくなるときがある。しかし企業としては一度「公約」として掲げたものであるから掲げた旗をなかなか降ろすわけにはいかない, いわば自縄自縛になってしまうことが多い。欧米医薬品企業の多くも定量目標はあっさりしている。「利益のステディな上昇」と「株主配分への配慮」こういったあっさりした表現が多い。

　それより投資家が気にすることは中長期の展開に関しマネジメントがどのような問題意識をもって事業課題に取り組み企業価値を上げようとしているかである。この4つの変革テーマは誠に当を得たものである。②は開発, ③は基礎研究, ①は日本企業これまで大きな目標とすることを軽視してきたマーケティング活動に関して触れている。そして④は①～③を支えるもっと長期的な視座で捉える経営基盤の問題である。図表8－12においては活動において注目すべき点を記している。④においての成果として「ダイバーシティの加速」があげられている。ダイバーシティを促進することが同社の経営基盤を強化する, という強い信念を示しているともいえる。④はESG事項が企業の中期経営の骨格の1つを占めていることを宣言している。

第8章 わが国医薬品企業における制度変化への先駆性

図表8−11　中外製薬の統合報告（1）

出所：中外製薬（2014），p.22。

図表8−12　中外製薬の統合報告（2）

| ●ACCEL 15の進捗 | |
|---|---|
| 重要変革テーマ | 進捗・成果 |
| 1　営業生産性の向上 | ● コンサルティングプロモーション、eプロモーションの強化<br>● メディカルエビデンス推進体制の強化<br>● コントラクトMRの活用 |
| 2　グローバル開発の加速 | ● 自社創製抗体プロジェクトの順調な進展<br>「ACE910」「CIM331」「SA237」 |
| 3　革新的プロジェクトの連続創出 | ● 中外ファーマボディ・リサーチ社（CPR）の本格稼働<br>● 次世代抗体技術の進化 |
| 4　経営基盤のさらなる強化 | ● 戦略的基盤強化に向けた設備投資<br>● 海外事業の拡充<br>● ダイバーシティの加速 |

出所：中外製薬（2014），p.22。

## 2. 広汎なステークホルダーへの活動報告が充実 (40-41頁)

　この項について11項目に分けて2013年度の取組みを詳細に記している。2012年度のアニュアルレポートにおいては7項目のみであったが項目自体が再編され11項目となっている。それぞれの2013年の取組みが詳細にかつ数値を織り込み具体的に記述されている，例えば「マーケティング」の項では主要課題の1つとして「がん・抗体医薬品のリーディング・カンパニーとして医療の発展を索引」をあげている。そして2013年の取り組み・実績の項目にて，「抗体医薬品国内売上シェア34.7％」「がん領域における高い専門性を有するMRの育成140名認定」といった成果を裏づける数値が掲載されている。

　「人財」という分野にもかなり力を入れていることがうかがえる。主要課題として上げているのは「変革期に求められる人材の能力開発」「多様な人が活躍できる職場環境づくり」「健全な労使関係の構築」「安全・快適な職場づくりの推進」の4点である。こられに気を配ることが人財を育成することに繋がることを意味している。

　この点についてさらには75-77頁に詳細が記されている。人材戦略こそがトップ製薬企業実現に向けた鍵であるという認識が示されている。そのための3つの施策が明示されている。①ダイバーシティ・マネージメント，②タレントマネジメントシステムと③人事処遇制度の確立である。①のダイバーシティ・マネージメントにおいては2015年度までの推進ロードマップが示されている。そして②は主要組織長88ポジションのサクセッションプランの可視化まで行っている。

　多くの日本企業においてこれらの問題はCSR活動の一部として独り歩きしている項目であるが，当社の場合，投資家にとっても投資価値を弾く上で大変重要な示唆を与えるものになっている。

## 3. 財務・非財務ハイライト〜18の重要指標を列挙 (16-17頁)

　2013年度レポートにおいて一新された内容の中で注目したものの１つが「財務・非財務ハイライト」である。「この財務・非財務ハイライトでは中外製薬が経営を行う上で重視し，かつステークホルダーの関心が高いと想定される指標項目を掲載」したのであるとしている。18項目ある。

①売上収益
②営業利益／営業利益率
③当期利益
④研究開発費／研究開発費比率
⑤Core EPS
⑥配当金／Core配当性向
⑦資産合計／純資産合計
⑧当社の株主帰属持分比率
⑨営業フリー・キャッシュフロー
⑩パイプラインプロジェクト数
⑪承認プロジェクト数
⑫特許取得件数
⑬疾患啓発セミナー開催数
⑭高度な専門性を有するMR認定数（累計）
⑮お客様からの問い合わせ件数
⑯従業員数
⑰女性幹部比率
⑱$CO_2$排出量

　これら18項目のうち①から⑨までの半分が財務指標であり，残り半分の９項目が非財務情報となる。この中で⑤と⑥で使われるCore EPSと

Core 配当性向における Core とは IFRS に移行して取り入れられた概念である。なお詳しく説明されていないが②と③も Core ベースのものである。同社の説明によれば「IFRS ベースでの実績に中外製薬が非経常事項ととらえる事項の調整を行ったものでロシュが開示する Core ベースでの実績を社内の業績管理，社内外への経常的な収益性の推移の説明，ならびに株主還元をはじめとする成果配分を行う際の指標として使用します」(19頁)と詳しく説明している。費用面で Non Core として認識される項目として同社が説明会資料（2013年12月期連結決算概要17頁）で列挙していたのが「無形固定資産償却費」「無形資産減損」「事業所再編費用」「環境対策費用」等であった。年度売上収益との対応をより厳密に行った EPS の額といってよいであろう。しかし，この点は第4節でも指摘したように投資家・アナリストからみて得心の行くものであるか否かはやや疑問がある。
　ちなみに2013年度 IFRS 営業利益は787億円に対し Core 営業利益は799億円。IFRS EPS は93.35円に対し Core EPS は94.69円であった。
　9つの財務指標は以下のように関連づけができる。①「売上収益」はいかなる企業にとっても最重要な指標である。企業は外部に役に立つ財・サービスを提供しその対価として収益を得る。それがなければ企業活動は停止する。そしてその財・サービスの提供に対応する原価・費用を差し引いたものが②営業利益（税引前利益）であり③当期利益（税引後）である，この場合，営業利益段階において④研究開発費（対売上収益非17.5％）が741億円費用化されていることに注意を要する。通常の原価・費用は当年度の「売上収益」に対応するものであるが，研究開発費の大半は将来の売上収益に対応する。しかし埋没原価（将来収益に貢献しない）となる可能性もあるため費用化されている。
　例えば②で売上高営業利益率は18.9％（2013年度）となっているが研究開発費控除前では36.4％であることがわかる。

ここで連結キャッシュ・フロー計算書（120頁）の数値を合わせ読むことにより同社の資金使途の大枠が分かることになる。推定研究開発費控除前の営業利益は1,541億円として、この金額が修正営業キャッシュ・フローとみなし。そこからの配分をおおざっぱにではあるが試算してみることができる。741億円が研究開発投資に、240億円が株主への配当に、そして固定資産投資に113億円、法人税支払に238億円、その他に213億円という配分が行われたことが分かる。

　そして、非財務指標の⑩～⑱までの数値はいずれも第2節で紹介した活動報告（40-41頁）の中で特にエッセンスと思われる指標を選び推移を示している。

## 4. コーポレート・ガバナンス情報の進展 (79-85頁)

　2013年度において当社は代表取締役3人の個別の経営者報酬を開示している。代表取締役3人がちょうど1億円以上（東証のコーポレートガバナンス報告書においては昨年度より個別記載を求められているがアニュアルレポートにおいては記載する否かは任意である）となっていることも影響しているのであろう。

　親会社であるロシュとの関係性についても詳細な説明がなされている。特質すべきは取締役10名のうち昨年度までは3名がロシュ・グループに在籍していたが今年度（2013年度）においては2名であることが記載されている。そのほかロシュは上場維持に協力すること、中外製薬がロシュ・ホールディングス社の連結決算の対象会社ではあるが、「独立した上場会社として、すべての意思決定をセルフ・ガバナンス原則に基づいて行っています」（82頁）と明言している。したがって「ロシュ・グループとの取引にあたっては、第三者間取引価格による公正な取引を実施することにより少数株主の利益を保護」（82頁）しているとしている。

5. 統合報告のお手本として評価される

　ここまでトピックスとして触れた項目だけをみても一般の日本企業のレポート水準をはるかに超えたものであることがわかる。このような進化したレポートを生み出す背景を考えてみたい。筆者は中外製薬のマネジメントおよび各スタッフに予防的自己規律経営への強い意欲があるためとみている。

　これは筆者の造語ではない。先ごろ訪れた英国においてある企業のCFOが述べていた言葉である。周知のように英国ではコーポレートガバナンス・コードやスチュワードシップ・コードが厳然とあり企業と機関投資家との関係はある意味高い緊張関係にある。

　エンゲージメントと呼ばれる「対話」が企業幹部（ときには取締役会会長〜社外取締役である）と機関投資家とで必要があれば行われることがある。経営に隙のある企業の場合, 些か際どい辛辣なものとなる可能性もある。

　企業側が考えるべきは，そのような緊張関係が生じる前に，すなわち後ろ指を指される前に自己規律をもってことにあたるべしということである。英国企業あるいは大陸欧州企業の中にはそのような大人な企業が散見される。中外製薬のアニュアルレポートを読んでみるとそのような意識をもって作成しているのではないかと思われる。

# 8　結びに代えて

　日本の医薬品企業の行動をIFRSの導入，コーポレートガバナンスシステムの充実，アニュアルレポート（統合報告）の作成という観点から観察してきた。こういった他のセクターにない特性は何故うまれたものなのであろうか。

産業としてのグローバル性(一般的にいって開発された医薬品はグローバルに販売可能である)は1つの要因であろう。あるデンマークの医薬品企業の開発した糖尿病薬は140カ国で使われている。ある日本企業の開発した統合失調症薬は同じく世界54カ国で使用されている。また大手企業の場合，多くの製品を世界中で販売しているが，製品ごとに販売提携，共同開発提携を異なる企業と結ぶケースが多い。すなわち企業自体がグローバルなネットワークの中にある。投資家・アナリストも当セクターについてはグローバルな企業を分析した上で投資意思決定を強いられることになる。

　そして当セクターの欧米企業についてはさらにCSR活動の先進企業であることも付け加えておこう。ピーター・センゲも述べている[9]ように制度の先取りこそはサスティナビリティにとって必須だからである。

### 注

1) 2014年12月に金融庁より草案が出された。2015年6月に施行予定である。
2) 北川(2011)において詳細が紹介されている。
3) 北川(2013)において詳細が紹介されている。
4) 北川(2015)において詳細が紹介されている。
5) 北川(2014)において詳細が紹介されている。
6) 同社は結局，ランバクシー社を2014年5月に売却することを決定した。このクロスボーダー取引は失敗例として記憶されることになった。
7) 中外製薬(2012), p.13。
8) 海外企業でEXACTな目標を掲げる企業は少ない。きわめて日本的な慣習である。日本のアナリストが自ら予想をするという誇りを捨て企業開示情報に頼り切っているとも解釈できる。
9) センゲほか著(2010), p.126。

### 参考文献

GSK（2014）Annual Report ;2013 Being active and having a positive outlookon life is what keeps me going every day.

Roche Holdings（2011）Nine months presentation materials for investors, October 13.

アステラス製薬（2014）「2013年度決算概況」アステラス製薬投資家向け説明会資料。

北川哲雄（2011）「医薬品産業の長期的企業価値の増大のために：財務政策・開示政策・ガバナンスの観点から」『国際医薬品情報』Vol.953, pp.26-32。

北川哲雄（2013）「製薬企業における企業価値関連報告書の分析　第3回ロシュグループ」『国際医薬品情報』Vol.975, pp.29-32。

北川哲雄（2014）「新アニュアルレポート研究　高い完成度の背景にある予防的自己規律経営の実践（第2回）中外製薬」『国際医薬品情報』Vol.1007, pp.16-19。

北川哲雄（2015）「コーポレートガバナンス・コード原案が意図する取締役会とは何か」『国際医薬品情報』Vol.1025, pp34-38。

センゲ,P.M.・スミス,B.・クラシュウィッツ,N.・ロー,J.・シュリー，S. 著，有賀裕子訳（2010）『持続可能な未来へ：組織と個人による変革』日本経済新聞出版社，p.152。

中外製薬（2012）「IFRSによる財務報告について」中外製薬投資家向け説明会プレゼンテーション資料。

中外製薬（2014）『アニュアルレポート2013（社会責任報告書　統合版）』。

# 第9章

## IFRSの導入に関する
## 財務報告利用者および
## 作成者の意識のギャップについて

# 1 はじめに―問題の所在

　財務報告基準は，財務情報の作成者である企業や経営者のためにあるのではなく，第一義的には，ディスクロージャーの本来の受益者である投資家などの財務情報の利用者のためにある。利用者（顧客）志向の財務報告基準のあり方，すなわち，利用者の意思決定に役立つ財務情報とは何かを解明することは，国際会計基準審議会（International Accounting Standards Board: IASB）をはじめとする基準設定主体が，財務報告基準を開発する上で，最重要課題であるといえよう。

　こうした利用者の観点からの検討は，国際的には当然の常識とされているが，わが国においては，企業側，経営者側の意向が企業会計基準の設定プロセスにおいて色濃く反映されてきたために，従来，長期間にわたって，ないがしろにされてきた感が強い。財務情報の利用者である投資家と作成者である企業や経営者との間の国際財務報告基準（International Financial Reporting Standards: IFRS）に対する認識のギャップを明らかにすることは，わが国における IFRS をめぐる議論に一石を投じることにもなると考える。

　そこで，われわれは，従来のわが国における議論では不十分であった財務報告の利用者の観点から IFRS 導入の意義と課題を明らかにするべく，実態調査を実施することとした。すなわち，利用者（顧客）志向の財務報告基準のあり方を考えるべく，IFRS の導入に関して，会計情報の利用者，すなわち，一般投資家や彼らに対して情報の媒介者となるアナリストに対して，アンケート調査を実施することとしたのである。

　しかしながら，その一方で，IFRS を用いて財務報告を行う会計情報の作成者，すなわち，企業の会計責任者の認識も IFRS の適用問題を考える

にあたっては，決して無視することのできない問題である。2013年6月10日に一般社団法人日本経済団体連合会から公表された「今後のわが国の企業会計制度に関する基本的な考え方～国際会計基準の現状とわが国の対応～」においても，「現状のIFRS策定過程は，財務諸表利用者側の視点が重視される一方，財務諸表作成者側の意見が十分に反映されない面も多く，作成者間で国際的な連携を強化して，意見発信を行うことも重要である。」といった指摘がなされている。

そこで，本研究プロジェクトでは，特に，国内外の証券アナリストと上場企業を対象にしたアンケート調査を実施することとした。情報利用者と作成者の双方に対する意識調査によって，両者のIFRSに係る認識のギャップを明らかにするというアプローチをとることとしたのである。

本章では，2012年12月から2013年3月に実施したアンケート調査の結果を検討しつつ，それを踏まえてわが国のIFRSをめぐる議論の現状と課題を明らかにしていく。

## 2 先行研究・調査と仮説設定

先行研究として，IFRSの導入の影響については，林（2011）が，強制適用した欧州企業を事例にして，純利益および資本に与える影響について整理している。Ball（2006）は，財務情報利用者である投資家の視点から，世界で共通する会計基準適用の賛否両論を列記した。賛成論には，高品質なIFRSが100以上の新興国で採用されたこと，また，アメリカのように国内企業に適用していない国でもコンバージェンスが進んでいることがあげられる。一方，反対論の根拠は，IASBが公正価値会計にこだわっていることにある。より深い懸念は，IFRSを適用した国の実務・執行面での

実質的な差異であり，基準を統一しただけでは不十分なものしか生み出さないことを指摘した。

　また，株価などの資本市場の評価とIFRS導入の関係について，先行研究では，導入の時期や対象となる国，企業によって影響度合いが異なるものとなっている。Daske, et al. (2008) は，IFRSの導入時には市場の流動性が高まることを示唆した。その結果，資本コストが下がって株価指標が高まるが，その効果は公式な導入前に限定されるという。また，市場への好影響は，透明性を高める意識の高い企業や法・制度の実効性の高い国であれば期待できるという。Houqe, et al. (2011) は，46カ国でのIFRS強制適用の影響について調べたところ，投資家保護がしっかりしている国では利益の質が高まっているという。

　Florou and Pope (2012) は，IFRSの強制適用が機関投資家の株式需要増を促すと論じた。変化は，適用初年度が最も大きく，投資スタイルでは，アクティブ，バリュー，グロース投資家に集中しているという。規制導入と報告インセンティブが高いところや，従来の会計基準とIFRSのギャップが大きいところも保有比率の高まりが大きいとも指摘した。

　こうした先行研究は，IFRSの導入は企業経営や資本市場に影響を与えるが，その度合いは各国固有の状況，例えばコンバージェンスの進展や法・制度の整備状況によって異なることを示唆している。そうであるならば，何が各国固有の状況をもたらしたかを把握することが，IFRS導入による影響度合いを予測することが，重要と考えられる。

　日本においては，企業会計基準委員会（Accounting Standards Board of Japan：ASBJ）が中心となって，コンバージェンスを進展させ，基準開発についても関係者の意見をとりまとめてIASBに発信している。関係者には，企業経営者，会計監査人，投資家，規制当局などが含まれる。しかし，財務情報作成者たる経営者と利用者たる投資家の間には，会計基準

をめぐる議論に限らず，常に情報開示の非対称性による認識ギャップが存在する。したがって，その認識ギャップがIFRS導入の影響度合いにどの程度関係するのか，また，どんな議題や具体的な基準に関する認識ギャップが，導入における課題となるのかを分析することには意味があると思われる。

本章第1節で述べたように，日本経済団体連合会（経団連）は，ASBJによる情報発信を評価しつつも「現状のIFRS策定過程は，財務諸表作成者側の意見が十分に反映されていない」ことを指摘している。

一方，財務情報を分析し，利用者である投資家に提供するアナリストは，IFRS導入を比較的前向きに評価している。第2章で詳述したように，2010年7月に日本証券アナリスト協会が実施したアンケート調査（対象は会員17,363名，690名が回答）では，49.3%がIFRS導入に対し「企業活動の国際化が進展しており，会計基準だけ各国独自に設定する理由に乏しい。各国企業の比較が容易になるというメリットも大きく，採用すべきである」と回答した。

以上のような先行研究・調査の動向から，次のような整理ができると思われる。

1) 日本においては，報道機関やアナリスト協会が行った調査はあるが，いずれも学術目的ではなく，そのときどきの意識調査に留まっているものと解される。したがって一定の時期に経営者とアナリストに共通する設問を送り，学術的に分析することに意味があると考える。
2) 海外においても，IFRSについては，個別の会計基準の影響を分析する研究は多くみられるものの，利用者（会計責任者）と作成者（アナリスト）の間の認識ギャップを対象とした調査研究は，見受けられないように思われる。

これらを踏まえて，本研究では，まず，制度全般に関する帰無仮説として，以下の3点を設定することとした。

仮説1　アナリストと企業の会計責任者との間には，IFRSの適用方法に対する意識に差異はない。

仮説2　アナリストと企業の会計責任者との間には，IFRSの導入が企業の財務情報の分析および将来予測に係る比較可能性にとって有用だと考える程度に差異はない。

仮説3　アナリストと企業の会計責任者との間には，IFRSの任意適用に伴う，異なる会計基準またはそれに基づく財務諸表の混在が問題だと考える程度に差異はない。

　また，個別基準についても，主たる会計基準を識別し，それらについて，以下の点の意識を調査することとした。IFRS導入の影響度合いにつながるような各国固有の状況は，個別基準をめぐる議論に象徴されると考えるからである。

　a．IFRSを適用している場合のアナリストなどによる貴社の企業価値評価に影響を与えると思われる重要な項目と重要でないと思われる項目

　b．IFRSが適用された場合，経営者の恣意性が介入する，または介入しやすいと考えられる項目

　c．IFRSの中で，日本基準と比較してその内容に問題があると思われる項目

　d．IFRSを導入した場合，日本において実務上適用が困難だと思われる項目

## 3 調査方法と結果

調査は，以下の要領で行った。

まず，アナリストについては，日本に拠点を有する証券会社および投資信託会社の各社に協力を依頼し，協力が得られた11社に所属するアナリストに対して，それぞれの会社を通じて，調査票の配布と回収を行った。最終的に，101名のアナリストからの回答を得た。

一方，企業側の会計責任者については，2012年12月1日時点の全上場企業3,548社に対して，財務担当責任者宛に，郵送で調査票を発送し，Faxおよびe-mailにて回答を寄せてもらった。最終的に，174社からの回答を得た（回収率4.9％）[1]。

なお，第2次調査のために，回答は記名式として，所属する社名，記入者の氏名およびe-mailアドレス等の記載を求めている。

いずれも調査期間は，2012年11月から2013年1月までである。

回答者の属性は，以下のとおりである。

<パネル A　アナリストの回答者が主としてカバーしている業種>

| | 業種 | n | % |
|---|---|---|---|
| 1 | 水産・農林 | 3 | 3.0 |
| 2 | 鉱業 | 9 | 8.9 |
| 3 | 建設 | 7 | 6.9 |
| 4 | 食料品 | 10 | 9.9 |
| 5 | 繊維製品 | 9 | 8.9 |
| 6 | パルプ・紙 | 7 | 6.9 |
| 7 | 化学 | 13 | 12.9 |
| 8 | 医薬品 | 13 | 12.9 |
| 9 | 石油・石炭 | 11 | 10.9 |
| 10 | ゴム製品 | 4 | 4.0 |
| 11 | ガラス・土石製品 | 8 | 7.9 |
| 12 | 鉄鋼 | 9 | 8.9 |
| 13 | 非鉄金属 | 10 | 9.9 |
| 14 | 金属製品 | 7 | 6.9 |
| 15 | 機械 | 11 | 10.9 |
| 16 | 電気機器 | 18 | 17.8 |
| 17 | 輸送用機器 | 7 | 6.9 |
| 18 | 精密機器 | 9 | 8.9 |
| 19 | その他製造 | 8 | 7.9 |
| 20 | 卸売業 | 8 | 7.9 |
| 21 | 小売業 | 10 | 9.9 |
| 22 | 銀行 | 8 | 7.9 |
| 23 | その他金融 | 7 | 6.9 |
| 24 | 証券・商品先物 | 7 | 6.9 |
| 25 | 保険 | 6 | 5.9 |
| 26 | 不動産 | 6 | 5.9 |
| 27 | 陸運 | 8 | 7.9 |
| 28 | 海運 | 10 | 9.9 |
| 29 | 空運 | 8 | 7.9 |
| 30 | 倉庫・運輸 | 8 | 7.9 |
| 31 | 通信 | 11 | 10.9 |
| 32 | 電力・ガス | 5 | 5.0 |
| 33 | サービス | 13 | 12.9 |
| | 不明 | 9 | 8.9 |
| | 全体 | 101 | 100.0 |

## 第9章 IFRSの導入に関する財務報告利用者および作成者の意識のギャップについて

<パネル B-1　会計責任者の回答者の属する会社の業種>

| | 業種 | n | % |
|---|---|---|---|
| 1 | 水産・農林 | 0 | 0.0 |
| 2 | 鉱業 | 1 | 0.6 |
| 3 | 建設 | 11 | 6.3 |
| 4 | 食料品 | 9 | 5.2 |
| 5 | 繊維製品 | 3 | 1.7 |
| 6 | パルプ・紙 | 2 | 1.1 |
| 7 | 化学 | 5 | 2.9 |
| 8 | 医薬品 | 6 | 3.4 |
| 9 | 石油・石炭 | 0 | 0.0 |
| 10 | ゴム製品 | 2 | 1.1 |
| 11 | ガラス・土石製品 | 3 | 1.7 |
| 12 | 鉄鋼 | 2 | 1.1 |
| 13 | 非鉄金属 | 3 | 1.7 |
| 14 | 金属製品 | 3 | 1.7 |
| 15 | 機械 | 16 | 9.2 |
| 16 | 電気機器 | 17 | 9.8 |
| 17 | 輸送用機器 | 6 | 3.4 |
| 18 | 精密機器 | 3 | 1.7 |
| 19 | その他製造 | 7 | 4.0 |
| 20 | 卸売業 | 18 | 10.3 |
| 21 | 小売業 | 13 | 7.5 |
| 22 | 銀行 | 2 | 1.1 |
| 23 | その他金融 | 2 | 1.1 |
| 24 | 証券・商品先物 | 3 | 1.7 |
| 25 | 保険 | 1 | 0.6 |
| 26 | 不動産 | 3 | 1.7 |
| 27 | 陸運 | 5 | 2.9 |
| 28 | 海運 | 2 | 1.1 |
| 29 | 空運 | 1 | 0.6 |
| 30 | 倉庫・運輸 | 3 | 1.7 |
| 31 | 通信 | 6 | 3.4 |
| 32 | 電力・ガス | 2 | 1.1 |
| 33 | サービス | 11 | 6.3 |
| | 不明 | 3 | 1.7 |
| | 合計 | 174 | 100.0 |

<パネル B-2 会計責任者の回答者の属する企業における IFRS の適用状況等>

| | IFRS の適用状況等 | n | % |
|---|---|---|---|
| 1 | IFRS を任意適用中である | 1 | 0.6 |
| 2 | SEC 基準を適用中である | 2 | 1.1 |
| 3 | IFRS の任意適用の予定である | 5 | 2.9 |
| 4 | IFRS の適用に向けて準備を進めている | 89 | 51.1 |
| 5 | FRS の適用準備は進めていない | 47 | 27.0 |
| | 無回答 | 30 | 17.2 |
| | 合計 | 174 | 100.0 |

調査結果は,以下のとおりである。

## 1. IFRS の適用方法

はじめに,「IFRS の適用方法として,最も適切だと思われるもの」を以下の選択肢から1つ選択してもらった。

<パネル C-1：IFRS の適用方法>

| | アナリスト | | 会計責任者 | |
|---|---|---|---|---|
| | n | % | n | % |
| 1. すべての上場企業に強制適用すべきである | 21 | 20.8 | 13 | 7.5 |
| 2. 一部の上場企業に強制適用し、段階的に適用を拡大すべきである | 16 | 15.8 | 29 | 16.8 |
| 3. 一部上場企業に強制適用し、一部上場企業以外には任意適用にすべき | 11 | 10.9 | 52 | 30.0 |
| 4. 現状の任意適用のままで十分である | 33 | 32.7 | 65 | 37.6 |
| 5. IFRS は適用すべきではない | 7 | 6.9 | 2 | 1.2 |
| 6. その他 | 13 | 12.9 | 12 | 6.9 |
| 合計 | 101 | 100.0 | 173 | 100.0 |

注：単独回答。複数回答者は集計から除く。

回答結果は，パネル C-1 のとおりである。

アナリストおよび会計責任者のいずれも，最頻値は，「4. 現状の任意適用のままで十分である」（アナリスト：32.7%，会計責任者：37.6%）である。

しかしながら，注目すべきは，アナリストだけでなく，会計責任者においても，「1. すべての上場企業に強制適用すべきである」，「2. 一部の上場企業に強制適用し，段階的に適用を拡大すべきである」および「3. 一部上場企業に強制適用し，一部上場企業以外には任意適用にすべき」という選択肢，すなわち，一定の範囲および何らかの形で，IFRSを制度上，強制適用すべきであるという選択肢を選んだ回答者が，比較的多い点であろう。アナリストでは，その3つの選択肢の回答者が47.5%，会計責任者では54.3%と過半数に及んでいる。

アナリストにとっては，海外企業との比較可能性の向上やIFRSの下での詳細な注記等の情報が有用であるという判断があるのかもしれないが，会計責任者にとっても，任意適用のまま制度の帰着点がみえないよりは，一定の範囲での制度化を早期に決定することを志向しているのかもしれない。

さらに，「1. すべての上場企業に強制適用すべきである」と「4. 現状の任意適用のままで十分である」の選択肢を取り上げて，前掲の仮説1「アナリストと企業の会計責任者との間には，IFRSの適用方法に対する意識に差異はない。」について，アナリストと会計責任者の認識の相違について，$\chi^2$検定による独立性検定によって検証することとした。結果は，パネルC-2のとおりである。

<パネル C-2：IFRS の適用方法に関する意識の比較>

|  |  | 「1. すべての上場企業に強制適用すべきである」 | 「4. 現状の任意適用のままで十分である」 | 合計 |  |
|---|---|---|---|---|---|
| アナリスト | 観測度数 | 21 | 33 | 54 |  |
|  | 期待値 | 13.9 | 40.1 |  |  |
|  | $\chi^2$ 値 | 3.61 | 1.25 |  |  |
| 会計責任者 | 観測度数 | 13 | 65 | 78 |  |
|  | 期待値 | 20.1 | 57.9 |  |  |
|  | $\chi^2$ 値 | 2.50 | 0.87 |  |  |
| 合計 |  | 34 | 98 | 132 | $\chi^2 = 8.2401$ ** |

注＊＊：p＜0.01

　結果として，仮説1は，有意水準1％で棄却された。すなわち，アナリストと会計責任者は，IFRS をすべての上場企業に強制適用すべきとするか，現状の任意適用のままで十分であるとするかという点に関して，統計的にも有意な差をもって，異なる認識を有していることが明らかとなったのである。

## 2. IFRS の比較可能性

　次に，IFRS の導入が，「企業の現状を認識するための分析実務及び将来予測を行う場合,比較可能性の向上に有用だと思われますか」を尋ねた。
　回答結果は，次のパネル D-1 のとおりである。
　両者の差異を検証するために,回答1から5のうち,「3. どちらでもない」を除いて，回答1および2と回答4および5に区分し，前掲の仮説2「ア

<パネル D-1：IFRS の比較可能性>

| | | アナリスト | | 会計責任者 | |
|---|---|---|---|---|---|
| | | n | % | n | % |
| 1. | きわめて有用である | 6 | 6.0 | 5 | 2.9 |
| 2. | 有用である | 48 | 48.0 | 64 | 36.9 |
| 3. | どちらでもない | 31 | 31.0 | 58 | 33.3 |
| 4. | 有用でない | 11 | 11.0 | 45 | 25.9 |
| 5. | まったく有用でない | 4 | 4.0 | 2 | 1.1 |
| | 合計 | 100 | 100.0 | 174 | 100.0 |

ナリストと企業の会計責任者との間には、IFRS の導入が企業の財務情報の分析及び将来予測に係る比較可能性にとって有用だと考える程度に差異はない。」について、アナリストと会計責任者の間における認識の相違を $\chi^2$ 検定による独立性検定によって検証することとした。結果は、パネル D-2 のとおりである。

<パネル D-2：IFRS の比較可能性に関する意識の比較>

| | | 「1. きわめて有用である」および「2. 有用である」 | 「4. 有用でない」および「5. まったく有用でない」 | 合計 | |
|---|---|---|---|---|---|
| アナリスト | 観測度数 | 54 | 15 | 69 | |
| | 期待値 | 45.9 | 23.1 | | |
| | $\chi^2$値 | 1.44 | 2.85 | | |
| 会計責任者 | 観測度数 | 69 | 47 | 116 | |
| | 期待値 | 77.1 | 38.9 | | |
| | $\chi^2$値 | 0.86 | 1.70 | | |
| 合計 | | 123 | 62 | 185 | $\chi^2 = 6.8468$ ** |

注**：p<0.01

結果として，仮説2は，有意水準1%で棄却された。すなわち，アナリストおよび会計責任者において，IFRSが有用であるかまたは有用でないとする認識に，統計上の有為な差をもって相違があることが明らかとなったのである。

　この回答を受けて，さらに，1.「きわめて有用である」および2.「有用である」とした回答者と，4.「有用でない」および5.「まったく有用でない」とした回答者のそれぞれについて，理由を尋ねたところ，次のような結果となった。

<パネルD-3：有用だとする理由>

|  | アナリスト n | アナリスト % | 会計責任者 n | 会計責任者 % |
|---|---|---|---|---|
| 1. 国際的に通用する会計基準である | 17 | 30.4 | 38 | 56.7 |
| 2. 会計方針の統一に関し厳しい規定となっている | 2 | 3.6 | 2 | 3.0 |
| 3. 企業間の比較可能性が向上する | 32 | 57.1 | 23 | 34.3 |
| 4. その他 | 5 | 8.9 | 4 | 6.0 |
| 合計 | 56 | 100.0 | 67 | 100.0 |

注：単独回答。複数回答者は集計から除く。

<パネルD-4：有用でないとする理由>

|  | アナリスト n | アナリスト % | 会計責任者 n | 会計責任者 % |
|---|---|---|---|---|
| 1. 国により基準の解釈および適用に差異が生じやすい | 2 | 11.8 | 4 | 8.9 |
| 2. 原則主義により企業の個別判断がより多く財務諸表に反映される | 8 | 47.1 | 32 | 71.1 |
| 3. 日本企業における従来の会計慣行と異なる点が多い | 3 | 17.6 | 8 | 17.8 |
| 4. その他 | 4 | 23.5 | 1 | 2.2 |
| 合計 | 17 | 100.0 | 45 | 100.0 |

注：単独回答。複数回答者は集計から除く。

パネル D-3 にみられるように，IFRS が有用であるとする理由としては，アナリストおよび会計責任者のいずれも，1.「国際的に通用する会計基準である」および 3.「企業間の比較可能性が向上する」があげられている。ただし，アナリストは比較可能性を，会計責任者は国際的に通用することを選ぶ回答が多く，対照的な回答結果となっている。

また，パネル D-4 にみられるように，IFRS が有用でないとする理由は，アナリストおよび会計責任者のいずれも，2.「原則主義」をあげる回答が圧倒的に多かった。この回答結果よりも，3.「日本の会計慣行との相違」とする解答がほとんど示されなかったことが注目に値する。すなわち，アナリストだけでなく，会計責任者においても，IFRS が日本の会計慣行と異なることをもって IFRS が適切ではないとしているわけではなく，IFRS の下で，経営者に委ねられる会計判断の余地が大きいことを懸念していると解されるのである。

## 3. 会計基準の混在

日本において，IFRS の任意適用が容認された結果として，会計制度上，日本基準による財務諸表と IFRS による財務諸表が混在することとなったことについて，「会計基準ないし財務諸表の混在について，重要な問題であると思うか」を尋ねた。

結果は，パネル E-1 のとおりである。

<パネル E-1:会計基準の混在の重要性>

| | アナリスト | | 会計責任者 | |
|---|---|---|---|---|
| | n | % | n | % |
| 1. きわめて重要である | 30 | 30.0 | 15 | 8.8 |
| 2. 重要である | 39 | 39.0 | 69 | 40.6 |
| 3. どちらでもない | 11 | 11.0 | 35 | 20.6 |
| 4. さほど重要でない | 16 | 16.0 | 42 | 24.7 |
| 5. まったく有用でない | 4 | 4.0 | 9 | 5.3 |
| 合計 | 100 | 100.0 | 170 | 100.0 |

注:単独回答。複数回答者は集計から除く。

　一見すると,「1. きわめて重要である」という選択肢を選んだ回答者が,アナリストで30.0%,会計責任者で8.8%と差異があることがみてとれる。

　そこで,両者の差異を検証するために,先ほどと同様に,回答1から5のうち,「3. どちらでもない」を除いて,回答1および2と回答4および5に区分し,前掲の仮説3「アナリストと企業の会計責任者との間には,IFRSの任意適用に伴う,異なる会計基準又はそれに基づく財務諸表の混在が問題だと考える程度に差異はない。」について,$\chi^2$検定によって検証することとした。結果は,パネル E-2 のとおりである。

第9章
IFRS の導入に関する財務報告利用者および作成者の意識のギャップについて

<パネル E-2：会計基準の混在の重要性に関する意識の比較>

|  |  | 「1. きわめて重要である」および「2. 重要である」 | 「4. さほど重要でない」および「5. まったく重要でない」 | 合計 |  |
|---|---|---|---|---|---|
| アナリスト | 観測度数 | 69 | 20 | 89 |  |
|  | 期待値 | 60.79018 | 28.20982 |  |  |
|  | $\chi^2$値 | 1.108751 | 2.38928 |  |  |
| 会計責任者 | 観測度数 | 84 | 51 | 135 |  |
|  | 期待値 | 92.20982 | 42.79018 |  |  |
|  | $\chi^2$値 | 0.730954 | 1.575155 |  |  |
| 合計 |  | 153 | 71 | 224 | $\chi^2=$ 5.8041 * |

注＊：p<0.05

結果として，仮説3は，有意水準5％で棄却された。すなわち，アナリストおよび会計責任者において，会計基準の混在を重要と考えるか否かに関して有意な差異が認められることが明らかとなった。

さらに，重要な問題だとする理由について尋ねたところ，パネル E-3 のような回答が得られた。

<パネル E-3：重要な問題だとする理由>

|  |  | アナリスト |  | 会計責任者 |  |
|---|---|---|---|---|---|
|  |  | n | ％ | n | ％ |
| 1. | 比較可能性の低下 | 61 | 74.4 | 57 | 44.2 |
| 2. | 財務諸表の信頼性の低下 | 11 | 13.4 | 19 | 14.7 |
| 3. | コストの増大 | 7 | 8.5 | 46 | 35.7 |
| 4. | その他 | 3 | 3.7 | 7 | 5.4 |
|  | 合計 | 82 | 100.0 | 129 | 100.0 |

注：単独回答。複数回答者は集計から除く。

会計基準の混在が問題だとする理由として，アナリストは，1.「比較可能性の低下」を 3/4 の回答者があげているのに対して，会計責任者の側では，1.「比較可能性の低下」44.2％に続いて，3.「コストの増大」が 35.7％もあげられている。

たしかに，会計基準が混在することは，制度としてわかりにくく，利用者利便に反し，透明性や比較可能性の低下をもたらすばかりでなく，複数の基準が並存することによる追加的なコストや経営判断の遅れによるリスクといった効率的な資源配分上の問題も懸念されるところである。今般，コンバージェンスへ向けた流れの中での1つのステップとはいえ，エンドースメントされた IFRS が加わり，4 基準の並存状態となった。これまでの 3 つから 4 つになることで複雑さの程度が増すかどうかは，コンバージェンスが進む中で，複数の基準間にどのくらいの違いがあるかにもよるが，各基準にどのくらいのニーズがあるか，国際交渉上のカードとして必要かということなども勘案する必要があろう。

### 4．個別基準

IFRS の適用にあたって，個別基準に関しても，4 つの点：① IFRS の適用によって企業価値評価に影響を与える項目とそうでない項目，② IFRS の適用によって経営者の恣意性が介入すると考える項目と介入しやすいと考える項目，③日本基準と比べて内容に問題がある項目と，開示や IR のレベルが下がると考えられる項目，および④日本において実務上適用が困難だと考えられる項目について尋ねた。

選択肢は，いずれも以下の 24 項目である。

## 第9章 IFRSの導入に関する財務報告利用者および作成者の意識のギャップについて

<パネルF-1：選択肢となる個別項目>

| | | | | | |
|---|---|---|---|---|---|
| 1 | 金融商品の評価 | 9 | のれんの償却 | 17 | 子会社株式売却損益の取り扱い等 |
| 2 | 貸倒引当金の見積 | 10 | 減損会計 | 18 | 税効果会計 |
| 3 | 棚卸資産の評価 | 11 | 保険契約 | 19 | 連結の範囲（SPEの取り扱い等） |
| 4 | 有形固定資産・減価償却 | 12 | 退職給付会計 | 20 | 関連会社の範囲 |
| 5 | 投資不動産 | 13 | 従業員給付(有給休暇引当金等) | 21 | 事業セグメントの開示 |
| 6 | リース会計 | 14 | ヘッジ会計 | 22 | 金融商品の開示 |
| 7 | 無形資産の評価(ブランド等) | 15 | 外貨換算 | 23 | 非継続事業の開示 |
| 8 | 開発費資産計上 | 16 | 収益の認識 | 24 | 財務諸表の表示形式 |

　回答結果の中から，それぞれの上位3位までの回答を示せば，以下のとおりである。

<パネルF-2a：企業価値評価に影響を与える項目>

| | アナリスト | | | 会計責任者 | | |
|---|---|---|---|---|---|---|
| | 項目 | n=101 | % | 項目 | n=174 | % |
| 1位 | 9. のれんの償却 | 52 | 51.5 | 16. 収益の認識 | 47 | 27.0 |
| 2位 | 10. 減損会計 | 30 | 29.7 | 4. 有形固定資産・減価償却 | 42 | 24.1 |
| 3位 | 12. 退職給付会計 | 25 | 24.8 | 9. のれんの償却 | 32 | 18.4 |

注：複数回答。なお、比率は、回答者数に占める割合。

<パネル F-2b:企業価値評価に影響を与えない項目>

| | アナリスト | | | 会計責任者 | | |
|---|---|---|---|---|---|---|
| | 項目 | n=101 | % | 項目 | n=174 | % |
| 1位 | 24. 財務諸表の表示形式 | 13 | 12.9 | 11. 保険契約 | 30 | 17.2 |
| 2位 | 11. 保険契約 | 11 | 10.9 | 5. 投資不動産 | 27 | 15.5 |
| 3位 | 23. 非継続事業の開示 | 11 | 10.9 | 14. ヘッジ会計 | 22 | 12.6 |

注:複数回答。なお、比率は、回答者数に占める割合。

<パネル F-3a:恣意性が介入すると考える項目>

| | アナリスト | | | 会計責任者 | | |
|---|---|---|---|---|---|---|
| | 項目 | n=101 | % | 項目 | n=174 | % |
| 1位 | 10. 減損会計 | 26 | 25.7 | 7. 無形資産の評価(ブランド等) | 36 | 20.7 |
| 2位 | 7. 無形資産の評価(ブランド等) | 25 | 24.8 | 10. 減損会計 | 35 | 20.1 |
| 3位 | 8. 開発費資産計上 | 12 | 11.9 | 8. 開発費資産計上 | 29 | 16.7 |

注:複数回答。なお、比率は、回答者数に占める割合。

<パネル F-3b:恣意性が介入しやすいと考える項目>

| | アナリスト | | | 会計責任者 | | |
|---|---|---|---|---|---|---|
| | 項目 | n=101 | % | 項目 | n=174 | % |
| 1位 | 10. 減損会計 | 19 | 18.8 | 10. 減損会計 | 35 | 20.1 |
| 2位 | 8. 開発費資産計上 | 14 | 13.9 | 8. 開発費資産計上 | 32 | 18.4 |
| 3位 | 16. 収益の認識 | 10 | 9.9 | 4. 有形固定資産・減価償却 | 29 | 16.7 |

注:複数回答。なお、比率は、回答者数に占める割合。

### 第9章 IFRS の導入に関する財務報告利用者および作成者の意識のギャップについて

<パネル F-4a：日本基準と比べて内容に問題がある項目>

| | アナリスト | | | 会計責任者 | | |
|---|---|---|---|---|---|---|
| | 項目 | n=101 | % | 項目 | n=174 | % |
| 1位 | 9. のれんの償却 | 19 | 18.8 | 9. のれんの償却 | 46 | 26.4 |
| 2位 | 7. 無形資産の評価（ブランド等） | 11 | 10.9 | 13. 従業員給付（有給休暇引当金等） | 31 | 17.8 |
| 3位 | 8. 開発費資産計上 | 10 | 9.9 | 8. 開発費資産計上 | 25 | 14.4 |
| | 10. 減損会計 | 10 | 9.9 | | | |

注：複数回答。なお、比率は、回答者数に占める割合。

<パネル F-4b：開示や IR のレベルが下がると考えられる項目>

| | アナリスト | | | 会計責任者 | | |
|---|---|---|---|---|---|---|
| | 項目 | n=101 | % | 項目 | n=174 | % |
| 1位 | 21. 事業セグメントの開示 | 26 | 25.7 | 24. 財務諸表の表示形式 | 26 | 14.9 |
| 2位 | 24. 財務諸表の表示形式 | 13 | 12.9 | 9. のれんの償却 | 14 | 8.0 |
| | | | | 4. 有形固定資産・減価償却 | 9 | 5.2 |
| 3位 | 10. 減損会計 | 11 | 10.9 | 7. 無形資産の評価（ブランド等） | 9 | 5.2 |
| | | | | 10. 減損会計 | 9 | 5.2 |

注：複数回答。なお、比率は、回答者数に占める割合。

<パネル F-5：日本において実務上適用が困難だと考えられる項目>

| | アナリスト | | | 会計責任者 | | |
|---|---|---|---|---|---|---|
| | 項目 | n=101 | % | 項目 | n=174 | % |
| 1位 | 7. 無形資産の評価（ブランド等） | 15 | 14.9 | 4. 有形固定資産・減価償却 | 42 | 24.1 |
| 2位 | 16. 収益の認識 | 9 | 8.9 | 16. 収益の認識 | 31 | 17.8 |
| | 8. 開発費資産計上 | 8 | 7.9 | | | |
| 3位 | 13. 従業員給付（有給休暇引当金等） | 8 | 7.9 | 1. 金融商品の評価 | 24 | 13.8 |

注：複数回答。なお、比率は、回答者数に占める割合。

上記の回答から，以下のようないくつかの特徴が見受けられる。

① 9.「のれんの償却」をアナリストも会計責任者も企業価値評価に影響を与える項目の上位にあげているが，これはわが国における IFRS 任意適用企業が，のれんの非償却による営業利益の押し上げ効果（のれん相当額の償却が不要なことによる持分法による投資利益の増加を含む）をIFRS 導入の理由の1つとしてあげていることとも符合している。一方，規則的な償却が行われない分，減損が生じた場合に計上される減損損失が大きくなり，利益の変動性が高まることから，規則的償却を行う場合よりも企業価値評価への影響が大きくなる。

のれんは，一般的に経済的便益の流入と価値の目減りを観察することがむずかしく，当初認識後の会計処理方法としては，規則的償却を求める方法（のれんの価値が損なわれたときには減損処理を行う方法を含む）と規則的償却を行わず定期的に減損テストを行う方法の2つがある。わが国においては，のれんの費消パターンが観察できない場合において

も，合理的な仮定に基づいて規則的償却を行うことにより，企業結合の成果である収益とその対価の償却という費用の対応が可能となり，また，取得したのれんの非償却による自己創設のれんの実質的な資産計上を防ぐことができるという点で規則的償却を支持する見解が強い。他方，IFRSは，規則的償却において耐用年数の見積りや償却方法の決定に恣意性が介入せざるを得ない点や，経済的実態の反映に限界がある点，さらには，アナリストが分析にあたってのれんの償却費を純利益に足し戻している慣例等を指摘し，減損テストの方が，予測困難なのれんの費消の実態をより適時かつ忠実に表現するとの見解に立っている。したがって，両者の間には，経済的実態に合った忠実な表現とは何かに関して，根本的な対立が存在している。

② 16.「収益の認識」について，会計責任者は，企業価値評価に影響を与えそうだと考える傾向が強いが，アナリストは，経営者の恣意性が介入する可能性に懸念を抱いている。

IFRSにおいては，収益の総額表示か純額表示かの判断が厳格に行われるため，代理人として取引を行っていると判断される場合には純額表示が求められ，間接税分についても売上高と売上原価から同額を控除することになる。日本たばこ産業は，IFRS適用に伴い，2010年4月〜2011年3月において売上収益が6兆1,946億円から2兆594億円へと4兆1,352億円減少した。住友商事もIFRSで表示される収益とは別に日本の総合商社で一般的に用いられている指標として「売上高」を開示し，IFRSと日本基準とで数値に大きな差異が存在することを明確化しようとしている。

会計責任者は，売上高という主要指標における影響の大きさを企業価値評価に及ぼす影響として指摘したものと考えられる。他方，日本基準

においては，主に出荷基準により売上収益を認識しているが，IFRS においては，リスクと経済価値が顧客に移転した時点で売上収益を認識することとなるため，アナリストは，何をもってリスクと経済価値の移転を判断するかという点に経営者の恣意性が介入することに懸念を抱いているものと考えられる。

なお，収益認識に関しては，コンバージェンスされた新 IFRS が，2013 年第 3 四半期にも公表予定とされている[2]。資産負債アプローチによる当初案からは後退したものの，コンバージェンスに 10 年以上の歳月をかけて完成した新 IFRS においても踏襲されている収益認識に関する考え方は，グローバル社会の共通認識を改めて示したものともいえる。こうした考え方に照らして，新 IFRS の適用予定の 2017 年までに，従来のわが国の収益認識基準の概念整理が必要な時期を迎えているように思われる。

③　11.「保険契約」は，アナリストも会計責任者も，企業価値評価に影響を与えないと考えている。また, 24.「財務諸表の表示形式」については，アナリストは影響を与えないとしているのに対して，会計責任者は，影響を与えないとした回答は 1 位の 12 件（6.9％）であるのに対して，影響を与えるとした回答は, 数において上回る 17 件 (9.8％) となっており，財務諸表の表示形式が企業価値評価に及ぼす影響に関しては，会計責任者間で見解の分かれるものとなっている。

これは，会計責任者の中に，IFRS に基づく財務諸表がシンプルな本体となっている点や財政状態計算書における資産負債の配列法の多様性，純損益およびその他の包括利益計算書において特別損益項目を区分表示することが禁止されていること，非継続事業に係る損益については区分表示を求めていること，費用の性質別分類を推奨していることなど

に対して，日本基準による表示形式との実質的および形式的乖離に関して，懸念や負担感を抱く者が少なからずいることによるものであろう。

④　恣意性が介入する項目，および介入しやすい項目のいずれも，16.「収益の認識」を除いて，アナリストおよび会計責任者の回答に大きな違いはなく，会計処理上の判断の余地が大きい項目として，一定の共通認識があることがわかる。

　7.「無形資産の評価（ブランド等）」も 8.「開発費資産計上」も 10.「減損会計」も見積りや判断にあたって高度な専門性が求められる点で共通している。

　この他，会計責任者は，恣意性が介入しやすい項目として，有形固定資産・減価償却をあげているが，日本基準では，課税の公平という目的を達成するために定められた税法上の減価償却方法，残存価額および耐用年数を長年にわたって企業会計上も用いてきたことで，ある意味，一律の減価償却計算が行われてきたが，IFRS では，資産の将来の経済的便益の消費のパターンに最も近似する減価償却方法の選択や，企業の使用実態を反映した耐用年数と残存価額の決定が求められることや，税法上の耐用年数や残存価額が，企業の実際の使用状況を忠実に反映した上で決定されているとは必ずしもいえないことから，実際よりは，保守的な見積数値となっている面もあり，企業独自の判断の下にこれらの数値を決定することを求めていることから，そのプロセスに恣意性が介入しやすいと考えたことによるものであろう。

⑤　IFRS の内容に関して問題があるとする項目については，9.「のれんの償却」と 8.「開発費資産計上」があげられるなど，一定の共通認識があるように解される。他方，会計責任者は，13.「従業員給付（有給休暇

引当金等)」をあげている回答が多いが，アナリストでは，5件（5.0%）と回答は多くない点が興味深い。

のれんの規則的償却や開発費の資産計上の禁止などは，エンドースメントされたIFRSの内容を具体的に検討する際に，組替調整（リサイクル）の強制とともに俎上に載せられることが予想される主要な論点である。エンドースメントする際の判断基準としては，公益および投資者保護の観点から，会計基準に係る基本的な考え方，実務上の困難さ（作成コストが便益に見合わない等），周辺制度との関連（各種業規制等に関連して適用が困難または多大なコストを要することがないか）等を勘案すべきとされており，エンドースメント手続を経て削除または修正する場合には，国内のみならず，国際的にも合理的な説明が必要とされよう。

こうした観点に照らして考えてみるに，取得したのれんの費用配分の方法としては，直接観察できないのれんの費消パターンに合理的な仮定を置かざるを得ないことを踏まえれば，その方法は一義的には決まらず，規則的償却を否定する根拠は乏しいともいえようが，他方，成功している投資について，費用や損失を計上する必要はないとの主張にも一定の合理性がある。

開発費の資産計上についても，IFRSでは，自社製品の製造工場を自家建設した場合に有形固定資産として計上するのと同様に，製品の提供に必要なノウハウを取得した場合には，無形資産を認識することが求められるこれらの支出をすべて発生時に費用処理することは，ノウハウを外部から有償取得した場合に無形資産として認識されることとも整合しない。これも，資産の将来の経済的便益の流入の可能性や測定の信頼性を優先するか，企業の経済的実態の反映を優先するかという問題に帰着するが，わが国においては，無形資産の効果や価値等についての不確定要素をデメリットと捉える見解が優勢なことが，こうしたアンケート結

果に示されたものと考えられる。

　会計責任者が，従業員給付（有給休暇引当金等）をあげていることに関しては，これまでわが国においては，有給休暇引当金を計上する実務は一般的ではなかったことによるものと考えられるが，日本基準においては，収益費用アプローチに基づき，将来，合理的に見込まれる支出のうち，もっぱら当期の収益に貢献していると考えられるもの（すなわち，将来の支出が当期の収益に貢献するかどうか）を当期の費用として見越計上した結果として引当金が計上されるが，IFRSにおいては，資産負債アプローチの考え方から，結果として計上される引当金が負債の定義を満たすことが大前提であり，逆にいえば，企業が債務を負っているかぎりは，引当金の計上が求められることになる。これを日本基準と比べて内容に問題があるとする回答は，実務上の理由を度外視すれば，収益費用アプローチを資産負債アプローチよりも重視する立場からの批判とも捉えられよう。

⑥　開示やIRのレベルが下がる項目として，アナリストおよび会計責任者の双方で，24.「財務諸表の表示形式」が高かったことが特徴的であり，いわゆる「シンプルな本体」となることによる見え方の問題として，IFRSによる財務諸表の表示形式に対する懸念を有する傾向が読み取れる。とりわけ，日本基準で表示される段階利益がIFRSやアメリカ基準では十分に表示されないことに，企業間比較上の懸念を抱く者が多いものと考えられる。加えて，IFRSに基づく財務諸表に慣れていないことも，開示やIRのレベルが下がると感じる一因といえよう。

⑦　日本における実務上の適用が困難な項目としては，アナリストでは，7.「無形資産の評価（ブランド等）」を最も数多くの回答者があげ（会計

責任者では，16件：9.2%），会計責任者が4.「有形固定資産・減価償却」をあげており（アナリストでは，4件：4.0%），それぞれに特徴的であるといえよう。

アナリストの回答は，無形資産に関する会計基準をはじめ，実務上のガイダンスが未整備なわが国の状況下での適用上の困難性を指摘したものと考えられる。

他方，会計責任者は，有形固定資産・減価償却を，収益認識とともに，各企業に共通する問題として捉えた上で，そもそもIFRSでは定率法を用いることが可能かといった素朴な疑問に端を発して，IFRSでは，有形固定資産の将来の経済的便益の予想消費パターンに最も近似する減価償却方法を選択しなければならない点や，耐用年数や残存価額についても，経験に基づいて企業の使用実態を反映した判断が求められる点，さらには，これらの減価償却方法，耐用年数，残存価額について，少なくとも毎期末見直さなければならない点に実務上の負担を感じているものと考えられる。

それ以外の項目については，ほとんど同様の傾向であった。

# 4　結びに代えて

第3節までで検討してきたとおり，IFRSの導入に関する財務報告利用者と作成者の意識のギャップは，無視できない程度に大きいと考えられる。そうしたギャップのうち，最大の論点は，「IFRSの適用の方法」であろう。現時点で予定されているところでは，日本基準，アメリカ基準，ピュアIFRSに，新たに公表される予定の修正国際基準の4つの基準が並存することになる。複数の会計基準の並存は，会計基準間に大きな差異がない

としても，複雑なもので，比較可能性が低下する懸念もあり，利用者にとっては歓迎すべきものとはいえないので，あくまでも過渡期の状態として容認していると解すべきであろう。

　修正国際基準の内容は，現時点ではまだ確定していないが，のれんの償却や組替調整（リサイクリング）等が主たる「修正」点とされている。こうした修正項目に共通する点は，いずれも企業経営や事業活動の実態にそぐわないとか，作業コスト増大への懸念といった財務諸表作成者側の論理に基づいているという点である。企業会計審議会による「当面の方針」にも謳われているように「我が国の国益も勘案しつつ，単一で高品質な会計基準の策定という目標を達成する観点から，削除又は修正する項目は国際的にも合理的に説明できる範囲に限定すべき」ことはいうまでもないが，エンドースメントにあたっては，財務諸表利用者の声にこそ，真摯に耳を傾けるべきであろう。

　わが国の進むべき道を正しく見極めるためにも，グローバル資本市場の環境変化に適時，適切に対応しつつ，ディスクロージャーの本来の受益者である利用者（投資家やアナリスト）の声を正確に把握した上で，それをディスクロージャーの各当事者が真摯に受け止め，利用者（顧客）指向の財務報告基準のあり方を探求していくことが，今まさに求められている。ディスクロージャーの本来の受益者である利用者に対する今般のわれわれの意識調査の結果が，今後のわが国におけるIFRSへの対応のあり方をめぐる議論において，検討資料となれば幸いである。

【付記】
　金融庁総務企画局長の池田唯一氏は，『週刊経営財務』No.3202（2015年3月2日）掲載の遠藤博志ほか編著『戦後企業会計史』（中央経済社）の書評（60-61頁）において，次のような追加的な感想を述べられている。

……本書を通読して改めて気付かされるのは,会計制度の整備をめぐって,財務諸表利用者の存在感がきわめて薄いということである。これは,実態がそうであったのであり,本書の問題では決してない。やがて何十年後かに,次の通史が書かれる際には,「財務諸表利用者団体の対応」といった記述が置かれるようになっていることを秘かに願う次第である。

本研究プロジェクトのメンバーの思いと軌を一にする言葉である。

### 注

1) そもそも学術調査目的のアンケートの回答数や回収率がきわめて低調であることは、共通の課題であり、記名式の回答を求めるべきか否かなど、回答率への影響と、後日、結果を回答者にフィードバックし、2次調査等による追加的な質問の機会を確保し、深度ある議論を通じてさらなる精緻化を図ることとの兼合いで、常に葛藤するところである。
2) 本基準は,2014年5月にIFRS第15号として公表された。

### 参考文献

Ball, R. (2006) International Financial Reporting Standards (IFRS) : Pros and Cons for Investors, Accounting and Business Research, Special Issue.

Daske, H., L. Hail, C. Leuz, and R.S. Verdi (2008) Mandatory IFRS Reporting around the World: Early Evidence on the Economic Consequences, *Journal of Accounting Research* Vol.46 No.5.

Florou, A. and P.F. Pope (2012) Mandatory IFRS Adoption and Institutional Investment Decisions, *The Accounting Review* Vol.87 No.6, pp.1993-2025.

Houge, N., T.V. Zijl, K.L. Dunstan, and A.K.M.W.Karim (2011) The Effect of IFRS Adoption and Investor Protection on Earnings Quality Around the World, *International Journal of Accounting* Vol.47 No.3, pp.333-355.

Securities and Exchange Commission [SEC] (2010) Release Nos. 33-9109; 34-61578. Commission Statement in Support of Convergence and Global Accounting Standards (http://www.sec.gov/rules/other/2010/33-9109.pdf; 閲覧日2013年6月30日).

SEC Office of the Chief Accountant (2011) Work Plan for the Consideration of Incorporating International Financial Reporting Standards into the Financial Reporting System for U.S. Issuers: Exploring a Possible Method of Incorporation. A Securities and Exchange Commission Staff Paper (http://www.sec.gov/spotlight/globalaccountingstandards/ifrs-work-plan-paper-052611.pdf; 閲覧日2013年6月30日).
SEC Office of the Chief Accountant (2012) Work Plan for the Consideration of Incorporating International Financial Reporting Standards into the Financial Reporting System for U.S. Issuers: Final Staff Report (http://www.sec.gov/spotlight/globalaccountingstandards/ifrs-work-plan-final-report.pdf; 閲覧日2013年6月30日).
企業会計審議会(2012)「国際会計基準(IFRS)への対応のあり方についてのこれまでの議論(中間的論点整理)」7月2日(http://www.fsa.go.jp/inter/etc/20120702-1/01.pdf; 閲覧日2013年3月30日)。
企業会計審議会総会・企画調整部会合同会議(2013a)「国際会計基準への対応について当面検討すべき課題－内外の現状と前回会合における議論の概要－」資料2(http://www.fsa.go.jp/singi/singi_kigyou/siryou/soukai/20130423/02.pdf; 閲覧日2013年5月10日)。
企業会計審議会総会・企画調整部会合同会議(2013b)「国際会計基準(IFRS)への対応のあり方に関する当面の方針」(http://www.fsa.go.jp/news/24/sonota/20130620-2/01.pdf; 閲覧日2013年6月20日)。
自見庄三郎(2011)「IFRS適用に関する検討について」6月21日(http://www.fsa.go.jp/common/conference/danwa/20110621-1.html; 閲覧日2013年3月30日)。
日本経済団体連合会(2013)「今後のわが国の企業会計制度に関する基本的考え方～国際会計基準の現状とわが国の対応～」6月10日(http://www.keidanren.or.jp/policy/2013/056.pdf#page=3; 閲覧日2013月7月1日)。
日本証券アナリスト協会(2010)「『会計基準アンケート』調査の集計結果」7月30日(http://www.saa.or.jp/account/account/pdf/enq_result100730.pdf; 閲覧日2013年3月30日)。
橋本尚(2007)『2009年国際会計基準の衝撃』日本経済新聞出版社。
林健治(2011)「IFRS初度適用時の利益調整の情報内容」『會計』Vol.180 No.1, pp.30-43。
尹志煌(2012)「新収益認識基準の適用効果に関する実証的研究:ソフトウェア産業を例として」『商学論纂』(中央大学)Vol.53 No.3・4, pp.115-140。

# 付　録

## 「アンケート」質問用紙と回答用紙

※アンケートは，アナリスト向けと企業担当者向けの２つを用意したが，内容はほとんど重複するため，アナリスト向けのみを掲載している。

## IFRS 導入に関するアナリストへのアンケート調査

Ⅰ　回答者に関する基本情報

<略>

Ⅱ　アンケート調査の内容

　調査は、Q1 から Q9 までの 9 問で構成されています。設問を付記した回答用紙を別紙にご用意しましたので、内容をご確認の上、記入をお願いします。ただし、Q5、Q6、Q7、Q8 につきましては、回答のための選択肢が共通しているため、本紙にまとめて別記しました。お手数ですが、回答用紙と突き合わせてご記入いただきますようお願いいたします。Q5、Q6、Q7、Q8 の設問趣旨と選択項目は、下記のとおりです。

Q5.　IFRS を適用している場合、あなたの投資価値評価手法に影響を与えると思われる重要な項目および重要でないと思われる項目（それぞれ 3 つ）

Q6.　IFRS が適用された場合、経営者の恣意性が介入する、あるいは介入しやすいと思われる項目（3 つ）

Q7.　IFRS のなかで、日本基準と比較してその内容に問題があると思われる項目（3 つ）

Q8.　IFRS を導入した場合、日本において実務上適用が困難だと思われる項目（3 つ）

## Q5-8 共通の選択項目

| 1 | 金融商品の評価 | 13 | 従業員給付（有給休暇引当金等） |
|---|---|---|---|
| 2 | 貸倒引当金の見積 | 14 | ヘッジ会計 |
| 3 | 棚卸資産の評価 | 15 | 外貨換算 |
| 4 | 有形固定資産・減価償却 | 16 | 収益の認識 |
| 5 | 投資不動産 | 17 | 子会社株式売却損益の取り扱い等 |
| 6 | リース会計 | 18 | 税効果会計 |
| 7 | 無形資産の評価（ブランド等） | 19 | 連結の範囲（SPEの取り扱い等） |
| 8 | 開発費資産計上 | 20 | 関連会社の範囲 |
| 9 | のれんの償却 | 21 | 事業セグメントの開示 |
| 10 | 減損会計 | 22 | 金融商品の開示 |
| 11 | 保険契約 | 23 | 非継続事業の開示 |
| 12 | 退職給付会計 | 24 | 財務諸表の表示形式 |

ご協力ありがとうございます。

## IFRS 導入に関するアナリストへのアンケート調査

| 回答日 | 2012年　　月　　日 |

### 1：回答者に関する基本情報

<略>

### 2：アンケート項目

以下の質問事項にお答えください。

**Q1** 財務情報の利用者として、IFRS の適用についてどのようにお考えですか。IFRS の適用方法として、最も適切だと思われるものを１つ選択し、✔印をお付けください。その他を選択された場合は、その理由を簡潔にご記入ください。

- ☐ 1. すべての上場企業に強制適用すべきである
- ☐ 2. 一部の上場企業に強制適用し、段階的に適用を拡大すべきである
- ☐ 3. 一部上場企業に強制適用し、一部上場企業以外には任意適用にすべき
- ☐ 4. 現状の任意適用のままで十分である
- ☐ 5. IFRS は適用すべきではない
- ☐ 6. その他　（　　　　　　　　　　　　　　　　　　　　　　　　　）

**Q2** IFRS の導入は、企業の現状を認識するための分析実務および将来予測を行う場合、比較可能性の向上に有用だと思われますか。最も適切だと思われるものを１つ選択し、✔印をお付けください。

| | | |
|---|---|---|
| ☐ | 1. きわめて有用である | → Q3-1 へ |
| ☐ | 2. 有用である | → Q3-1 |
| ☐ | 3. どちらでもない | |
| ☐ | 4. 有用でない | → Q3-2 へ |
| ☐ | 5. まったく有用でない | → Q3-2 へ |

| Q3-1 | 上記 Q2 で、「1. きわめて有用である」または「2. 有用である」を選択された方にお聞きします。比較可能性の向上に有用であると思われる主な理由は何でしょうか。最も適切だと思われるものを1つ選択し、該当する項目に ✔ 印をお付けください。その他を選択された場合は、その理由を簡潔にご記入ください。 |
|---|---|

| ☐ | 1. 国際的に通用する会計基準である |
|---|---|
| ☐ | 2. 会計方針の統一に関し厳しい規程となっている |
| ☐ | 3. 企業間の比較可能性が向上する |
| ☐ | 4. その他（　　　　　　　　　　　　　　　　　　　　） |

| Q3-2 | 上記 Q2 の質問で、「4. 有用でない」または「5. まったく有用でない」を選択された方にお聞きします。比較可能性の向上に有用ではないと思われる主な理由は何でしょうか。最も適切だと思われるものを1つ選択し、該当する項目に ✔ 印をお付けください。その他を選択された場合は、その理由を簡潔にご記入ください。 |
|---|---|

| ☐ | 1. 国により基準の解釈および適用に差異が生じやすい |
|---|---|
| ☐ | 2. 原則主義により企業の個別判断がより多く財務諸表に反映される |
| ☐ | 3. 日本企業における従来の会計慣行と異なる点が多い |
| ☐ | 4. その他（　　　　　　　　　　　　　　　　　　　　） |

| Q4 | あなたは、資本市場における企業価値の評価方法として、何を重要な指標だと考えていますか。下記の中から最も重視しているものを1つ選び、該当する項目に ✔ 印をお付けください。その他を選択された場合は、その理由を簡潔にご記入ください。 |
|---|---|

| ☐ | 1. DCF(割引キャッシュフロー)法による将来の企業価値評価 |
|---|---|
| ☐ | 2. PER(株価収益率) |
| ☐ | 3. PBR(株価純資産倍率) |
| ☐ | 4. EV/EBITDA(企業価値/金利、税金、償却前利益) |
| ☐ | 5. その他（　　　　　　　　　　　　　　　　　　　　） |

| Q5 | IFRSを適用している場合、あなたの投資価値評価手法に影響を与えると思われる重要な項目（例：分析に有用な情報開示が進む、IR活動での対話が充実するなど）、および重要でないと項目（例：分析に有用な情報開示が進まない、IR活動での対話が充実しないなど）の番号を質問用紙(別紙「IFRS導入に関する企業へのアンケート調査」)の中から3つずつ選択し、回答欄に記入するとともに、その理由をご記入ください。 |

重要な項目　　　　　　　選択した理由

☐　［　　　　　　　　　　　　　　　　　　　　　　　　　　］

☐　［　　　　　　　　　　　　　　　　　　　　　　　　　　］

☐　［　　　　　　　　　　　　　　　　　　　　　　　　　　］

重要ではないと思われる項目　　選択した理由

☐　［　　　　　　　　　　　　　　　　　　　　　　　　　　］

☐　［　　　　　　　　　　　　　　　　　　　　　　　　　　］

☐　［　　　　　　　　　　　　　　　　　　　　　　　　　　］

| Q6 | IFRSが適用された場合、経営者の恣意性が介入する、あるいは介入しやすいと思われる項目を、質問用紙（別紙「IFRS導入に関する企業へのアンケート調査」）の中から3つずつ選択し、回答欄に記入するとともに、その理由をご記入ください。 |

介入する思われる項目　　　　選択した理由

☐　［　　　　　　　　　　　　　　　　　　　　　　　　　　］

☐　［　　　　　　　　　　　　　　　　　　　　　　　　　　］

☐　［　　　　　　　　　　　　　　　　　　　　　　　　　　］

介入しやすいと思われる項目　　　　　選択した理由

| | |
|---|---|
| □ | |
| □ | |
| □ | |

**Q7** IFRSのなかで、日本基準と比較してその内容に問題がある（例、実態を表すとは言えないなど）、あるいはIFRSを適用することで現状より開示やIRのレベルが下がると思われるもの（例、分析に必要な情報を探しにくくなるなど）はありますか。質問用紙（別紙「IFRS導入に関する企業へのアンケート調査」）の中から3つ選択し、回答欄に記入するとともに、その理由をご記入ください。

内容に問題があると思われる項目　　　　選択した理由

| | |
|---|---|
| □ | |
| □ | |
| □ | |

開示やIRのレベルが下がると思われる項目　　　選択した理由

| | |
|---|---|
| □ | |
| □ | |
| □ | |

| Q8 | IFRSを導入した場合、日本において実務上適用が困難だと思われる項目はありますか。質問用紙（別紙「IFRS導入に関する企業へのアンケート調査」）の項目から3つ選択し、回答欄に記入するとともに、その理由をご記入ください。 |

実務上適用が困難だと思われる項目　　　　　選択した理由

| ☐ | |
| ☐ | |
| ☐ | |

| Q9-1 | IFRSの任意適用が容認された結果、会計制度上、自国基準ベースとIFRSベースの財務諸表が混在することになりました。会計基準ないし財務諸表の混在について、あなたは重要な問題であると思われますか。該当する項目を以下から1つ選択し、✔印をお付けください。 |

| ☐ | 1. きわめて重要である | → Q9-2 へ |
| ☐ | 2. 重要である | → Q9-2 へ |
| ☐ | 3. どちらでもない | |
| ☐ | 4. さほど問題ではない | |
| ☐ | 5. まったく問題なし | → Q9-3 へ |

| Q9-2 | 上記のQ9-1で、「1.きわめて重要である」もしくは「2.重要である」を選択された方は、その理由を、以下から1つ選択し、該当する項目に✔印をお付けください(複数回答可)。 |

| ☐ | 1. 比較可能性の低下 |
| ☐ | 2. 財務諸表の信頼性の低下 |
| ☐ | 3. コストの増大 |
| ☐ | 4. その他 |

付　録

| Q9-3 | 上記の Q9-1 で、「5. まったく問題なし」を選択された方は、その具体的理由をご記入ください。 |

選択した理由

｜　　　　　　　　　　　　　　　　　　　　　　　　　　　　　｜

アンケートは以上で終了です。ご協力ありがとうございました。

# 索 引

## A～Z

AIMR 報告書 …………………… 6
ASBJ …………………………… 8
ASOBAT ……………………… 3
BCP …………………………… 149
BR ……………………………… 131
EITF …………………………… 7
ESG 情報 ……………………… 148
FASB ………………………… 3,6,56
HOYA ………………………… 162
IASB ………………………… 2,214
IASB の概念フレームワーク ……… 122
IFRS …………… 2,40,56,64,161,214
IFRS 特例 ……………………… 40,47
IFRS 任意適用 ………………… 162,173
IIRC …………………………… 133
IR 活動 ………………………… 162,173
<IR> フレームワーク ………… 130,133
KPI …………………………… 130,140,147
KRI …………………………… 130,140,147
MC ……………………………… 131
OFR …………………………… 131
PMI …………………………… 191
PRI …………………………… 148
SEC 基準特例 ………………… 40,46
SR ……………………………… 130
SRI …………………………… 148

## あ

アウトカム …………………… 117,118
アステラス製薬 ……………… 163,196
アドプション ………………… 49,51
アナリスト …………… 21,25,167,223

アニュアルレポート ………… 203
アンリツ ……………………… 163

意思決定有用性 ……………… 3
一般に公正妥当と認められる企業会計の慣行 … 75
一般に公正妥当と認められる企業会計の基準 … 72
一般に認められた会計原則 …… 68,88
一般に認められた監査基準 …… 68

影響 …………………………… 117
営業および財務概況 ………… 131
エンドースメント ……………… 41,51

大竹貿易事件 ………………… 95
小野薬品 ……………………… 185

## か

カーブアウト ………………… 42,52
会計基準アンケート ………… 19
会計基準の混在 ……………… 230
蓋然性 ………………………… 115,117
概念フレームワーク ………… 9
開発費 ………………………… 31
開発費資産計上 ……………… 237
回復力 ………………………… 149
確率分布 ……………………… 117
監査基準委員会報告書 ……… 73
間接法 ………………………… 33

企業会計基準委員会 ………… 8
企業会計原則 ………………… 67
企業会計審議会 ……………… 42,64,88
基礎的会計理論 ……………… 3

255

期待キャッシュフロー規準……… 120
キャッシュフロー…………… 33,115,118
キャッシュフローを基礎とした測定 … 126
共生価値……………………………… 127
緊急問題タスクフォース…………… 7
金融商品取引法……………………… 41,45

グラクソ・スミスクライン社……… 200
グローバルリスク…………………… 149

経営者の説明………………………… 130
経済性規準…………………………… 116
研究開発費…………………………… 168
現金規準……………………………… 118
現在市場価格………………………… 125
現在出口価値………………………… 121
原則主義……………………………… 22,79
減損会計……………………………… 167

コア営業利益………………………… 164
コア当期純利益……………………… 164
公正処理基準………………… 86,93,94,104
公正な会計慣行……………………… 66
顧客指向……………………………… 4
国際会計基準審議会………………… 2,214
国際財務報告基準………………… 2,40,64,214
国際統合報告評議会………………… 133
国際統合報告フレームワーク… 130,133
コーポレート・アカウンタビリティ … 128
コンドースメント…………………… 50
コンバージェンス…………………… 49,51,55

## さ
財務会計基準審議会………………… 3
財務弾力性…………………………… 115,151
財務・非財務ハイライト…………… 207

財務報告に関する概念フレームワーク… 9
ジェンキンズ報告書………………… 4
仕掛研究開発費……………………… 168
事業概況……………………………… 131
事業継続計画………………………… 149
事業等のリスク……………… 116,140,145,151
事業報告……………………………… 4
資産と負債の定義…………………… 123
社会的責任投資……………………… 148
社会的責任投融資…………………… 128
収益の認識…………………………… 235
従業員給付…………………………… 239
修正国際基準………………………… 58,241
重要性………………………………… 143
主要業績評価指標………………… 130,140,147
主な利用者…………………………… 9,10
主要リスク評価指標……… 116,130,140,147
少数株主持分………………………… 30
情報の非対称性……………………… 2
所得…………………………………… 90
信頼性………………………………… 122,130

ステークホルダー…………………… 128
住友商事……………………………… 162

税会計処理基準……………………… 103
責任投資原則………………………… 148
説明原則……………………………… 136
戦略報告書…………………………… 130

測定規準……………………………… 124
ソフトバンク………………………… 171

## た
第一三共……………………………… 191

索　引

大日本住友製薬……………………… 185
武田薬品工業……………………… 186,189
田辺三菱製薬……………………… 185

中外製薬…………………… 194,203,207
忠実な表現……………………… 122
直接法……………………………… 33

ディー・エヌ・エー……………… 163
出口価値…………………………… 121

統合思考……………………………… 128
統合報告……………… 127,133,143,203
統合報告書………………… 128,130,141
投資家……………………………… 24
特許権……………………………… 189

## な

内容要素…………………………… 136

日本証券アナリスト協会………… 19
日本たばこ産業………………… 164,235
日本長期信用銀行………………… 66
認識規準……………………… 118,122

のれん……………… 31,168,191,234
のれんの償却……………… 31,167,234

## は

発生規準…………………………… 120
販売権……………………………… 189

比較可能性……………… 28,227,230
非財務情報……………… 140,145,146
ビジネスモデル……………… 128,139
ビジネスリスク……………… 145,151

不確実性…………………… 115,117

ベストプラクティス………… 133,135
別段の定め……………………… 91

包括的事業報告モデル……………… 5
法人税法……………………… 87
保険契約……………………… 236

## ま

マッケソン・アンド・ロビンズ事件 … 71

三井物産……………………… 176
認められた会計原則……………… 69

無形資産の評価……………… 239

持ち合い株式……………………… 32

## ら

リース会計……………………… 31
リサイクリング……… 23,30,32,241
リスク……………………… 115,118
リスク概念……………………… 117
リスク・経済価値アプローチ… 101,105
リスク・プレミアム………122,125,127
リスクマップ……………… 144,150
リスクマネジメント……129,143,149
流動化実務指針……… 86,101,104

連結財務諸表規則………… 45,48,64
連単分離……………………… 54

ロシュ社……………………… 184,191

257

【執筆者紹介】（執筆順）

橋本　　尚　〔編者・第1章・第2章・第9章〕
　青山学院大学大学院会計プロフェッション研究科教授

多賀谷　充　〔第3章〕
　青山学院大学大学院会計プロフェッション研究科教授

八田　進二　〔第4章〕
　青山学院大学大学院会計プロフェッション研究科教授

市野　初芳　〔第5章・第9章〕
　青山学院大学大学院国際マネジメント研究科教授

小西　範幸　〔第6章〕
　青山学院大学大学院会計プロフェッション研究科教授

佐藤　淑子　〔第7章・第9章〕
　一般社団法人 日本IR協議会事務局長・首席研究員
　青山学院大学大学院会計プロフェッション研究科客員教授

北川　哲雄　〔第8章・第9章〕
　青山学院大学大学院国際マネジメント研究科教授

町田　祥弘　〔第9章〕
　青山学院大学大学院会計プロフェッション研究科教授

尹　　志煌　〔第9章〕
　青山学院大学経営学部教授

| 平成27年3月30日　初版発行 | 略称：利用者指向 |

## 利用者指向の国際財務報告

編著者　Ⓒ橋　本　　　尚

発行者　　中　島　治　久

発行所　同文舘出版株式会社
東京都千代田区神田神保町1-41　〒101-0051
営業（03）3294-1801　編集（03）3294-1803
振替 00100-8-42935　http://www.dobunkan.co.jp

Printed in Japan 2015　　　　　　DTP：リンケージ
　　　　　　　　　　　　　　　　印刷：萩原印刷

ISBN978-4-495-20201-9

JCOPY 〈(社)出版者著作権管理機構 委託出版物〉
本書の無断複写は著作権法上での例外を除き禁じられています。複写される場合は，そのつど事前に，（社）出版者著作権管理機構（電話 03-3513-6969, FAX 03-3513-6979, e-mail: info@jcopy.or.jp）の許諾を得てください。